Friedrich Philippi

# Die ältesten Osnabrückischen Gildeurkunden bis 1500

mit einem Anhange über das Rathssilber zu Osnabrück

Friedrich Philippi

**Die ältesten Osnabrückischen Gildeurkunden bis 1500**
*mit einem Anhange über das Rathssilber zu Osnabrück*

ISBN/EAN: 9783743384996

Hergestellt in Europa, USA, Kanada, Australien, Japan

Cover: Foto ©ninafisch / pixelio.de

Manufactured and distributed by brebook publishing software
(www.brebook.com)

Friedrich Philippi

**Die ältesten Osnabrückischen Gildeurkunden bis 1500**

o

# Die ältesten
# Osnabrückischen Gildeurkunden

(bis 1500)

## mit einem Anhange über das Rathssilber
## zu Osnabrück.

### Von Dr. Fr. Philippi,
Königl. Staatsarchivar.

---

**Festschrift der Stadt Osnabrück zur 19. Jahresversammlung
des Hansischen Geschichtsvereins**

am 27. und 28. Mai 1890.

---

Mit zwei phototypischen Tafeln aus der Lichtdruck-Anstalt von A. Frisch in Berlin nach Aufnahmen
von A. Frisch in Berlin und H. Wehmann in Osnabrück und einer Umdrucktafel.

### Osnabrück.
Druck von J. G. Kisling.
1890.

# Einleitung.

Zum Thema dieser Festschrift sind die Gildeurkunden[1] unserer Stadt gewählt, da denselben die ihnen zukommende Beachtung für die Erkenntniß des deutschen Gildewesens überhaupt bisher nicht geschenkt ist,[2] obwohl ihnen C. B. Stüve schon vor 26 Jahren eine ausführliche, sachverständige Besprechung und Bearbeitung im 7. Bande der Mittheilungen unseres Vereins zu Theil werden ließ. Wie jeder, der die vorliegenden Documente durchsieht, erkennen wird, sind dieselben nicht nur geeignet, alle einschlägigen Fragen zu illustriren, sondern sie beanspruchen auch wie fast alle rechtsgeschichtlichen Denkmale unserer Stadt und unseres Landes ein besonderes Interesse, weil in ihnen eine verhältnißmäßig selbständige, folgerichtige und durch Festhalten uralter Rechtsverhältnisse besonders bemerkenswerthe Entwicklung hervortritt.

Die Urkunden selbst sind zwar zum größeren Theile (38 von 65) schon gedruckt,[3] aber so zerstreut und in so schwer zugänglichen Werken, daß eine neue und vervollständigte Veröffentlichung gerathen erschien. Eine unbedingte Vollständigkeit ist jedoch auch in dieser Sammlung insofern nicht erreicht, freilich auch nicht erstrebt, als die zeitliche Grenze des Jahres 1500 festgehalten wurde und Urkunden über fromme Stiftungen nur, wenn sie nach Form oder Inhalt ein besonderes Interesse beanspruchten, zur Aufnahme gelangten. Die

---

[1] Die Handwerkergenossenschaften heißen in Osnabrück in älterer Zeit stets Aemter oder Gilden, der Ausdruck Zunft bringt erst ganz spät von auswärts ein. Vergl. auch Wehrmann, Lübeckische Zunftrollen S. 24.

[2] In Gierkes Genossenschaftsrecht I S. 358 ff. z. B. finde ich Osnabrücker Verhältnisse nirgends erwähnt.

[3] Diese älteren Drucke sind nach Möglichkeit angegeben. Beim Neudrucke ist, wo irgend thunlich, auf das Original oder eine ihm nahestehende handschriftliche Grundlage zurückgegangen worden. Es machte dies aber besonders bei den aus Gildeladen stammenden Stücken erhebliche Schwierigkeiten, weil diese Laden nach der Aufhebung der alten Genossenschaften sehr vernachlässigt worden sind. Es hat daher eine Anzahl Urkunden nur nach den älteren Drucken gegeben werden können; in diesen Fällen ist die der früheren Veröffentlichung vorgedruckte Quellenangabe in Klammern eingeschlossen worden. Ich benutze die Gelegenheit gerne, zu versichern, daß ich von allen Seiten mit großer Bereitwilligkeit und Zuvorkommenheit beim Nachsuchen nach einschlägigem Materiale unterstützt wurde und sage dafür an dieser Stelle besten Dank.

zeitliche Begrenzung erschien damit gerechtfertigt, daß im 16. Jahr=
hundert die Entwicklung hier, wie anderwärts, ihren Höhepunkt bereits
überschritten hatte und abwärts ging; unter den Urkunden über Stif=
tungen finden sich vielfach einfache Renten= und Hausläufe, die hier
zum Abdruck zu bringen keinerlei Veranlassung vorlag; zudem giebt
Stüve in dem erwähnten Aufsatze S. 133 ff. und H. Mitthoff
in „Kunstdenkmale im Hannoverschen“ VI S. 130 über diesen Gegen=
stand Notizen.[1])

Da Stüve in seinem schon mehrfach angezogenen Aufsatze
„Ueber Gewerbswesen und Zünfte in Osnabrück“ mit dem diesem
bedeutenden Geschichtschreiber eigenen Scharfblicke für wirthschaftliche
Entwicklung und Verfassungsverhältnisse alle einschlägigen Fragen
eingehend erörtert hat, so muß unter Hinweis auf diese treffliche
Darstellung davon Abstand genommen werden, hier eine vollständige
Ausbeute des vorgelegten Materials zu geben, es soll nur auf einige
besonders bezeichnende Punkte aufmerksam gemacht werden.

I. Einrichtung und Ursprung der Gilde. Im Gegensatze zu den
Verhältnissen der meisten anderen deutschen Städte, aber in engster
Uebereinstimmung mit denen des benachbarten Münster[2]) bildeten in
Osnabrück die 11 hervorragendsten Handwerkergenossenschaften eine
Gesammtgenossenschaft: die Gilde. Den Vorstand dieser Genossen=
schaft bildeten die gewählten Vorstände der einzelnen Genossenschaften.
Diese Vorsteher hießen, obwohl die Genossenschaften selbst immer
Aemter genannt werden, Gildemeister; sie wählten wieder unter sich
2 älteste, oberste Gildemeister, später Alterleute genannt, zu ihren
Vertretern (Nr. 30 twe olderen oversten gildemestere 1453).[3]) Diese
Gildemeister übten fast vollständig die niedere Gerichtsbarkeit über
ihre Gildebrüder (vergl. Nr. 25: utgesproken blodwundinge unde
schuldich gelt unde gut) und handhabten die Gewerbepolizei und
Gewerbegerichtsbarkeit durchaus selbständig. Da sie auch die Steuern
erhoben und im Kriegsfalle das Aufgebot führten,[4]) so kann man die
Gilde füglich als eine gesonderte politische Gemeinde innerhalb der
Stadtgemeinde ansehen. Ueber die Entstehung dieser Genossenschaft
spricht Stüve sich nicht mit Bestimmtheit aus, aber er scheint der
Ansicht zuzuneigen (a. a. O. S. 85), daß ähnlich, wie in anderen
Städten auch hier, die Einzelgenossenschaften der Handwerker, die
Aemter, sich selbständig gebildet, Privilegien erlangt und dann zu der
Gesammtgenossenschaft der Gilde sich zusammengeschlossen hätten. Da
fast gar keine erzählenden Quellen über die ältere Geschichte unserer
Stadt vorhanden sind, läßt sich Bestimmtes hierüber nicht sagen.
Aber Stüve sagt schon: „Genau genommen, scheint ursprünglich

---

[1]) Ueber den Rahmen der Gildeurkunde hinaus gehen scheinbar die Wage=
und Acciseordnung 45 und 46, bei ihrer Wichtigkeit aber für die gesammten
Verkehrsverhältnisse wird ihre Mittheilung hoffentlich keinen Anstoß erregen.

[2]) Für die dortigen viele Parallelen bietenden Verhältnisse ist das in Nie=
serts Münsterscher Urkundensammlung III S. 233 abgedruckte sog. „rothe Buch
des Schauhauses“ von der größten Wichtigkeit. Eine Bearbeitung lieferte
Tophoff in der Zeitschrift für vaterl. Geschichte 1877.

[3]) Schon 1420 erwähnt Mitth. VIII, 35.

[4]) Stüve a. a. O. S. 149 und Mitth. VIII, 34 u. 35.

auch nur die große Gilde der 11 Aemter eine genossenschaftliche Form gehabt zu haben" und weist dann im Folgenden auf die Bedeutung hin, welche „Marktwesen und Marktleben" für die Bildung des Gildewesens hatten. Ich möchte glauben, angesichts der Urkunden diesen letzten Punkt noch schärfer betonen zu müssen. Die 11 zur Gilde gehörigen Aemter fertigten sämmtlich Waaren zum feilen Verkauf und vertrieben sie auch, wie denn die größte Zahl derselben schon 1347 feste Stände auf dem Markte hatte; [1]) die ältesten im Folgenden mitgetheilten Vereinbarungen und Entscheidungen beschäftigen sich mehr mit der Berechtigung zum Verkauf, als zur Anfertigung bestimmter Waaren; zur Gilde gehört auch das Amt der Kramer, welche — abgesehen von dem in Nr. 31 erwähnten Kuchenbacken — doch lediglich Kaufgeschäfte trieben. Es scheint mir dies Alles darauf hinzudeuten, daß die zur Gilde gehörigen Gewerbetreibenden den Theil der Bürgerschaft ausmachten, welchem das Recht zum Feilhalten seiner Waaren zustand. Von diesem Gesichtspunkte aus erklärt sich dann die Thatsache leicht, daß so bedeutsame Genossenschaften wie die der Leinen- und Wollenweber außerhalb der großen Gilde standen; sie fertigten die Laken und Tücher und verkauften sie im Ganzen an die Wandschneider, die dann den Verkauf im Einzelnen übernahmen. Aehnlich wird es mit den Goldschmieden gestanden haben. Nehmen wir hinzu, daß, wie Nr. 8 von 1360 beweist, die Entwicklung der Aemter im Einzelnen im 14. Jahrhundert noch nicht zum Abschlusse gekommen ist,[2]) während die Gilde als solche schon am Ende des 13. bestand, da ihre Vertreter die discreti neben den Vertretern der Gemeinde (universitas) schon in dem Statute von 1297 (bei Friderici-Stüve, Geschichte der Stadt I S. 192) erwähnt werden,[3]) so scheint der Schluß berechtigt, daß die große Gilde die ältere Bildung war, innerhalb deren sich dann später die einzelnen Aemter aussonderten und selbständige Corporationen bildeten. Hierzu war unter anderem Veranlassung gegeben bei der Wahl der Vorsteher, der Gildemeister, unter welchen naturgemäß jede Berufsart einen Vertreter zu haben wünschen mußte.

II. Ursprung der Gilderechte. Für eine befriedigende Beantwortung der Frage nach dem Ursprunge der Gilderechte hat schon Stüve a. a. O. S. 89 den Fingerzeig gegeben, wenn er sich auch dem Einflusse der herrschenden Ansicht über die ursprüngliche Unfreiheit der Handwerker und deren Abhängigkeit vom Kirchenvogte nicht ganz entziehen konnte. Er weist nachdrücklich darauf hin,

---

[1]) Vergl. Mittheilungen XIV S. 96. Wir finden Knochenhauer, Bäcker, Schneider, Schuster, Lohgerber, Pelzer, Wandschneider und Höder. Es fehlen: Schmiede, Riemenschneider, Erchmacher und Schilder, sowie die Kramer, wenn dieselben nicht, wie ich glaube, unter den pennestici verstanden sind. Später wurde Höder und Kramer als gleichbedeutend gebraucht. So wird der von den Kramern laut Inschrift gestiftete Becher der Höder genannt (vergl. den Anhang).

[2]) Nr. 20 von 1407 führt zum ersten Male scharf begrenzt die später regelrecht zur Gilde gezählten 11 Aemter auf.

[3]) Vergl. Stüve Mitth. VIII 30 ff.

„daß beim erſten Erſcheinen der Gilde der Schöffenrath bereits eine
Einwirkung auf dieſelbe ausübt und als Beſchützer ihrer Rechte auf=
tritt“. Aus den im Folgenden mitgetheilten Urkunden (Nr. 4, 15
(ghenade), 22, 26, 28, 35, 37, 38 [ynnynge ſ. Wortverzeichniß],
41, 47, 50, 57) geht unzweifelhaft hervor, daß der Rath über Kauf
und Verkauf entſcheidet; er übt ferner in allen Rechtsſtreitigkeiten,
welche nicht nach den der Gilde ein für allemal zugeſtandenen Befugniſſen
entſchieden werden können, die Gerichtsbarkeit und gilt den Entſchei=
dungen der Gildemeiſter gegenüber als Berufungsſtelle. Dieſe Be=
fugniß des Rathes zur Verleihung von Verkaufsrechten läßt ſich ſehr
wohl erklären, wenn man, wie ich an anderer Stelle es verſuchen
werde, die Rathsgewalt auf die Bauerrichtercompetenz zurückführt, da
dem Bauerrichter das Gericht über Kauf und Verkauf zuſtand.[1]
Dem gegenüber vermag ich für eine Herleitung der Gilderechte aus
der Vogtgewalt keine urkundliche Grundlage aufzufinden. Wenn auch
die königliche Verleihung von Marktrechten an die Biſchöfe als feſt=
ſtehend zu betrachten iſt und daraus folgerichtig ein Einfluß des
Vogtes auf den Markt erſchloſſen werden kann, ſo muß doch dieſes
Verhältniß ſehr früh gelöſt worden ſein; denn in der Urkunde von
1237 (Möſer-Abeken Nr. CLXXVI) über die Rechte der Vogtei ſind
weder Abgaben vom Markte noch von Gewerbetreibenden erwähnt.
Der ſonſt aber als Beleg angeführte Zuſammenhang der Wohnung
des Osnabrückiſchen Kirchenvogtes, des Grafen von Tecklenburg, auf
der Gildewart und des Namens dieſer Straße ſelbſt mit den
Handwerkergilden erſcheint mir ferner ſehr zweifelhaft. Ich vermag
die Belegſtelle für die Angabe, daß der Schlächterſcharren urſprüng=
lich einen Theil der alten Vogtburg bildete, nicht aufzufinden und
kann deshalb die Richtigkeit derſelben nicht beſtreiten; jedenfalls ſteht
feſt, daß ſpäter der Fleiſchſcharren im ſog. alten Rathhauſe war und
daß ſchon 1347 (ſ. oben)[2] ſowohl die Stände der Knochenhauer wie
die der anderen Gilden auf dem Markte, alſo im Rechtsbereiche des
Rathes lagen, der auch unbeſtritten von dieſen Ständen die Miethe
bezog. Die Ableitung des Namens der Gildewart aber von der Gilde
der Gewerbtreibenden erſcheint mir aus dem Grunde nicht
haltbar, weil der Namen ſich für Grundſtücke in der Umgegend wieder=
findet, bei welchen der Gedanke an eine gewerbliche Gilde ausge=
ſchloſſen erſcheint. Im Jahre 1341 wird nämlich in einer Urkunde
des Kloſters Iburg der Verkauf eines Grundſtückes bezeugt, welches
als „unſe wort to beleghen is bi der ghyldewort vor dem wic=
bolde Yborgh“ bezeichnet wird, und in der großen im hieſigen Staats=
archive hinterlegten Karte aus dem Nachlaſſe des Oberamtmanns
von Hinüber iſt unmittelbar ſüdlich vom Kloſter Verſenbrück der
Flurname Gildewart eingetragen. In dieſen beiden Fällen bezeichnet
der Name ſicher nicht ein Grundſtück, auf welchem Glieder einer ge=
werblichen Gilde angeſeſſen waren oder Verkaufsſtände hatten, viel=
mehr iſt an ein Grundſtück zu denken, auf welchem eine alte länd=

---

[1] Vergl. von Below, Entſtehung der deutſchen Stadtgemeinde S. 57 ff.
[2] Nach Stüve in Mitth. VIII, 32 ſchon um 1300.

liche Schutzgilde in Ermangelung eines Gildehauses[1]) ihre Versamm=
lungen abhielt. Da nun die Osnabrücker Gildewart in der Buten=
burg, also ursprünglich wie in Jburg vor dem Orte lag, der Name
auch schon 1217[2]) vorkommt, zu einer Zeit, in welcher schwerlich die
Butenburg schon zur Stadt gezogen war, so möchte der Name auch
hier ähnlich wie in den beiden anderen Fällen zu erklären sein.

Nach diesen Auseinandersetzungen erscheint mir die Annahme ge=
rechtfertigt, daß sich in unserer Stadt die Gilde, als Gesammtheit
der zum feilen Verkauf ihrer Waaren berechtigten neben und im
Gegensatze zur Wehr, der durch Grundbesitz altberechtigten Vollbürger=
gemeinde, zusammenschloß, die früher von den Einzelnen und jährlich
an den Rath (vergl. Innung S. 44) zu zahlenden Abgaben abläufte
oder sonst in eine von der Gesammtheit als solcher zu tragende Auf=
lage umsetzte, dadurch die Anerkennung als Genossenschaft überhaupt
und schließlich als politisch berechtigte Genossenschaft in dem Organis=
mus der Stadt errang. Ob diese Regelung der Verhältnisse auf
friedlichem Wege erfolgte oder durch Gewaltthätigkeiten seitens der
Gilde erzwungen wurde, ist nicht festzustellen, da, wie schon oben be=
merkt, die chronikalischen Quellen für die ältere Geschichte unserer
Stadt sehr spärlich fließen.

III. Politische Stellung der Gilde. Die mächtige Stel=
lung der Gilde innerhalb des städtischen Gemeinwesens und die
Freiheit der einzelnen Aemter stehen in unmittelbarster Beziehung zu
einander. Die bevorzugten 11 Aemter wählten ihre Vorsteher, welche
zugleich Vorsteher der Gesammtgilde waren, selbständig, setzten sich
Statuten und hielten Morgensprachen, ohne dazu der Erlaubniß oder
der Bestätigung des Rathes zu bedürfen. Trotzdem aber war eine
Einflußnahme des Rathes auf diese Verhandlungen möglich, weil die
Gildemeister selbst mit zu Rathe gingen, mit zum Rathe gehörten,[3])
und also bei allen Zusammenkünften der Aemter als Vollmächtige
des Rathes fungirten. Andererseits aber hatte die Gilde auch eine
vollwichtige Vertretung bei den Raths-Verhandlungen, da bei allen
wichtigen Beschlußfassungen die Gildemeister (s. oben) zugezogen
wurden. Zudem stand den Gildemitgliedern schon seit früher Zeit der
Zutritt zum eigentlichen Rathe, dem Schöffencollegium, offen.[4]) Da
nun die Zahl der Vertreter der Gilde 22, die der übrigen Bürger=
schaft, der Wehr, nur 16 betrug, außerdem den Gildemeistern ein
maßgebender Einfluß auf die Wahl der Wehrgeschworenen wenigstens
in späterer Zeit zustand,[5]) so sind die Gildemitglieder als die meist=

---

[1]) Ueber die Gildehäuser lat. theatrum, gymnasium s. Wilmans Westf.
Urkundenbuch III S. 274 und 950, 951 ff. und Additamenta S. 135, wo über=
haupt werthvolle Notizen über diese ländlichen Schutzgilden sich finden.

[2]) Möser-Abelen CXIII Thielardus de Gildewurt unter den Osnabrücker
Schöffen; er heißt in der folgenden Urkunde Thetardus Burclocke.

[3]) Nr. 18 wysheyt – de unses stades raed mede gesworen hebbet; 33, 34,
35 de mit uns to rade gengen; 45 de mit uns to rade hovet.

[4]) Liborius mercator ist schon 1217 (Möser-Abelen CXIII, CXIV) Schöffe,
andere Gildemitglieder finden sich während des 13. Jahrhunderts, vergl. Stüve
Mitth. VIII S. 26.

[5]) Vergl. Lodtmann Acta Osnaburg. II S. 379.

berechtigten Bürger der Stadt zu bezeichnen. Diese Thatsache und die weitere, daß die Zulassung der Gildegenossen zu gleichem Rechte schon sehr frühe eingetreten zu sein scheint, erklärt es auch, daß weder Chroniken noch Urkunden jemals von einem Aufruhr der Gilden gegen den Rath berichten, wie wir ihn sonst in der mittelalterlichen Geschichte fast jeder deutschen Stadt verzeichnet finden. Auch in den unruhigen Zeiten um 1450, als im benachbarten Münster die Gilden alle Gewalt in der Stadt an sich rissen, blieben die Versuche in Osnabrück, die Gilde gegen den Rath aufzuwiegeln, erfolglos.[1]

So ergiebt sich, daß in unserer Stadt unter rechtzeitiger weiser Berücksichtigung der berechtigten Interessen der verschiedenen Bestandtheile der Bürgerschaft sich Verhältnisse gebildet haben, welche Jahrhunderte hindurch eine friedliche und gedeihliche Entwicklung nach allen Seiten hin gestatteten.

---

[1] Stüve, Geschichte des Hochstifts I S. 382.

## 1. — 1266, November 25.

Bischof Wedekind von Osnabrück erkennt an, daß die Fleischer zu Osnabrück von dem Vieh, welches sie schlachten und im Scharren verkaufen, keinen Zoll zu zahlen brauchen.

Or. Stadtarchiv VI E. 81. Druck: J. E. Stüve, Beschreibung des Hochstifts. Urkunden S. VIII, D.

Wedekindus Dei gratia Osnaburgensis electus dilectis in Christo fidelibus universis visuris presentia salutem in Domino sempiternam. Noverint universi ac singuli, quod, cum nos impeteremus civitatis Osnaburgensis carnifices requirentes ab eis, ut theloneum nobis exsolverent de animalibus que mactarent et venderent in macello, Johannes dictus Twent judex, Absalon de Bersen, Heinricus de Steinvordia, Heinricus de Ringelo, Hermannus Glude,[1] Everardus Albus, Volcmarus Luns,[1] Heinricus Luscus, Heinricus de Dissene, Wichmannus de Vischbeke, Everardus filius Petronille, Theodericus Holtsete et Gerardus de Grambergen scabini civitatis jam dicte unanimes responderunt, predictos carnifices ad solutionem thelonei hujusmodi non teneri et, ut fidem dictis eorum adhiberemus omnimodam mediante consilio et auxilio ministerialium Osnaburgensis ecclesie juraverunt assumptis in juramentum ipsorum XXIIII[or] viris de civitate predicta fide dignioribus obtinentes, quod prefati carnifices theloneum aliquod nunquam solvissent nec aliquo modo solvere tenerentur. Cum igitur judex et scabini predicti suo ac tot personarum fidedignarum juramento intentionem suam super premissis probaverint coram nobis et nos juramento recepto hujusmodi sufficienter simus instructi, quod ad nullius thelonei solutionem sepedicti carnifices teneantur, nos ab impetitione cessantes eorum ab omni

theloneo animalium que mactari vel vendi contigerit in macello
ipsos perpetuo decernimus absolutus et liberos protestamur.  In
cujus rei certitudinem pleniorem et in signum libertatis eorum
perpetue presentia nostri sigilli munimine duximus roboranda.
Datum et actum Osnabrug. anno Domini millesimo ducentesimo LX⁰
sexto, in die beate virginis Katerine, presentibus venerabili viro
domino Volcquino Mindensis ecclesie postulato, domino Rodolpho
de Thefholte, domino Ludolpho de Steinvordia, domino Her-
manno de Harstorpe, viris nobilibus ; Johanne Urso, Gerardo de
Varendorpe, Ludolpho Unco, Lodewicho fratre suo, Hugone
Urso, Giselberto de Bissendorpe, Heinrico et Theoderico fratribus
de Halen, Theoderico de Alen, Wescelone Lupo, Johanne Came-
rario, Hermanno de Bramezche, Ottone Proyt, Udone de Lon,
Hartberto de Asthorpe, militibus, et aliis quam pluribus fidedignis.

¹) Ueber bem u ein o.
Siegel vom Pergamentstreifen abgefallen.

## 2. — um 1310.

Die Schöffen erklären, daß Gildemeister, welche Verschwö=
rungen gegen von ihnen unter Zuziehung der „Weisheit"
erlaffene Ordnungen anzetteln, die Todesstrafe verwirkt
haben, strafen aber für dieses Mal die Gildemeister des
Backamts Gerhard Unbesochte und Gerhard von
Non (Nahne) mit Verbannung wegen dieses Verbrechens.

Stadtbuch S. 41.  Druck: Friderici-Stüve, Geschichte der
Stadt I, Nr. 49, S. 195 zu 1297.

Item ut debiti regiminis moderamine improborum malicia
refrenetur nec ipsorum perversitatis temeritas vel audacia re-
maneat inpunita, idcirco statuimus et perpetuo volumus a nostris
posteris observari, illos si qui de nostris civibus qui vulgo dicuntur
gyldemestere de quocunque collegio reperti et notabiliter depre-
hensi fuerint, qui conspiratione cum aliis habita scabinorum pre-
ceptis, prohibitionibus aut statutis de discretorum nostre civitatis
maturo consilio pro communi nostrorum civium utilitate editis
aut specialiter ordinatis quavis auctoritate contravenire presumpserint,
mortis periculo debere subjacere. Licet quosdam similium pre-
sumptores videlicet Gerhardum dictum Umbesochte et Gerhardum
de Non de pistorum officio gyldemestere existentes ex speciali
gratia non deputavimus pena hujusmodi consumendos vel etiam

percellendos, ipsos tamen compellentes pro hujusmodi ausu te-
merario nostram abjurare perpetuo civitatem omni spe in ipsam
amplius redeundi et solatio destituendos.

Das Statut gehört schwerlich ins Jahr 1297, da es nicht von
derselben Hand geschrieben ist, wie die vorhergehenden, von denen das
erste auf 1297 datirt ist. Es scheint jedoch vor dem folgenden aus
dem Jahre 1319 stammenden Rathsschluß eingeschrieben zu sein. Die
Schrift ähnelt sehr der Hand des Schreibers, welcher die Urkunde
der Stadtrichter Johann Eisler und Johann Flos (1289—
1332) ausfertigte, ohne für vollständig gleich erklärt werden zu
können.

**3. — (1312?)**

Beschlüsse der Schmiedegilde über die Aufnahmebedingungen
für das Amt und über das Gelöbniß, welches bei der Auf-
nahme zu leisten ist.

(Aus der Lade des Schmiede-Amts.) Fehlerhafter Druck, e copia:
Friderici-Stüve, Geschichte der Stadt I, Nr. 59 S. 213.

Im jar MCCCXII syn wy gyllemesters des smede-amtes myt
unsen gansen amte unde semtlyken gyllebroderen eyns geworden
unde euver¹) eyngekomen, dat man na dessen dage nemant yn
unss amt sal nemen, de eynen anderen wegen hefft für unrock
geholden²) ꝛc. Item so eyn gesselle dat smede-amt begeret tho
kopen edder tho behylken unde kümpt vor dat ganse amt, so
schal men em eynen gyllebroder geven, dar he seck myt bedenk,
offt he ock echte und recht geboren sy edder yenygerleige yegen
unse amt gedan edder syn eygen arbeyt uep II myl by der stat
gedan hebbe; so dat tho yenige tyden anders uth queme, by
vorlus synes ampts. Darna schal he laven bey dem eyde den
he dem rade van Ossenbrüge dayt I) wat he by dem amte suet
und horet, nemant wyl openbaren, den yegen synen gellebroder
de ym amte ys, II) dat he wyl syn harnes hebben, synen lernen
emmer unde al syn geweier, de he bedarvet to behoeff der stat
van Osenbrügge, III) ock nine slotel maken, dar unmot van
kümpt, IIII) dat he nemant uth syner nerenge brenge myt gelde
edder frünschap, V) ock schall men nyn hus wynnen, dar eyn
gyllebroder ynne wont, yt sy dan wylle,³) VI) fast tho holden
wat men eyns wert tho behoff des amtes, VII) ock syne gylle-

1*

mesters horsam tho syn in allen geborliken dyngen, VIII) och
schal he nen arbeyt annemen, dar he wyl knechte up holden
unde suelvest nych gelernt heſft, unde sa men em nych geloven
hette, schal he yt bewysen, IX) schal he laven, wat he suet, dat
deme amte tho wedderen ys, dat an tho bringen ꝛc., unde wat
deme amte medde⁴⁾ ys dat hellwen steken⁵⁾ ꝛc. Dyt nuemmer
tho vormynneren unde tho vorbesse,⁶⁾ wormyt men kan.

¹) ſt. over. — ²) ſt. unredelik gescholden? — ³) ſt. vylle = veyle. —
⁴) ſt. nutte. — ⁵) ſt. sterken. — ⁶) ſt. vorbeteren.

Da bie Urſchrift nicht mehr beizubringen war, mußte von einer
Verbeſſerung ber Jahresangabe abgeſehen werden; es wäre aber etwa
1392 ober 1412 wahrſcheinlicher, als 1312.

## 4. — um 1336.

Statut, baß von Juben geſchlachtetes Fleiſch nur auf ben
Bänken, wo bas Jubenſtanbbilb ſteht, verkauft werben barf;
zur Ueberwachung ber Ausführung biefer Beſtimmung werben
von ben Schöffen zwei Fleiſchſchauer beſtimmt.

Stabtbuch S. 55. Druck: Friberici = Stüve, Geſchichte ber
Stabt 1, Nr. 68 S. 237.

Vortmer umme manichvolde claghe der gantsen menheyt
unser stat unde umme bederf unde bequemicheyt unser aller,
so hebbe wi ghewilkort unde ghesat, welic vleschowere in der
stat to Osenbrucghe eynen joden lat sniden scap oder rint, dat
scal de vleschowere vele hebben uppe den sunderliken banken
dar de joden belde by stat de dar to ghewiset sin. § Vort sate
wy alsus dat twe man van den vleschoweren, de van den
scepenen ghekoren werden to allen nyen jare, sweren sun,¹) ollet
dat gesneden werde van den joden, dat se dat solen vele hebben
uppe den banken; were dat de twe de dar to sat weren, dar
an jhemande besegheden, de des nycht en dede, den solen de
scepenen panden laten vor dat rynt eyne halve mark, vor dat
scap twelf pennigghe unde nyne ghenade. Des geldes van den
broke solen hebben de twe de to den tyden van den scepenen
dar to sat syn den derden deyl.

¹) Ueber bem u ein o.

## 5. — 1345, December 20.

Der Rath ber Neuſtabt Osnabrück geſtattet ben Gilbe-
meiſtern ber Wollenweber auf ber Neuſtabt, bort gefertigtes
geprüftes Tuch mit einer Bleimarke zu verſehen.

Original Stabtarchiv VI E. 82. Druck: Friderici-Stäbe, Geschichte der Stadt I, Nr. 75 S. 255.

Nos Svederus Dunker, Godefridus Gamme, Bernhardus dictus Voghet et Johannes Slepepord[1]) consules nove civitatis Osnaburgensis tenore presencium recognoscimus attestando, quod .. magistris Gylde lanificum dicte nostre civitatis licenciam dedimus ac damus litteras per presentes, ut ipsi magistri lanificum qui d e r w u l n e r e g y l d e m e s t e r e volgariter nuncupantur seu illi quos iidem .. magistri ad hoc duxerint statuendos possint pannos laneos in dicta civitate factos, quos dignos signo reputaverint, signo plumbeo consignare. Hanc litteram predictam ipsis lanificibus dedimus salvo tamen nostris .. successoribus dicte nostre nove civitatis Osnab. consulibus de premissis, si et dum eadem premissa ipsi civitati predicte non aut aliter quam predicitur expedire viderint, aliter ordinandi, predicta per nos data licencia non obstante. In cujus rei testimonium sigillum dicte civitatis apposuimus huic scripto. Datum anno Domini M°CCC°XL quinto in vigilia beati Thome apostoli.

[1]) st. Slepedorp.

An von der Urkunde geschnittenem Pergamentstreifen das Schöffensiegel der Neustadt (Westf. Siegel Tafel 85,5).

## 6. — 1347, April 27.

Die Lakenweber stiften Lichter, Seelmessen und eine Brodtvertheilung bei Todesfällen; der Domvicar des Maternus-Altars soll die Messen lesen und überhaupt ihr geistlicher Berather sein.

Abschrift von 1808 im Staatsarchive Abschnitt 36, Nr. 18. Druck: Mittheilungen VII, 163.

In den nahmen Gades höret gi kinder alle, de dar pleget to würken laken, Johann de Rode juwe frundt unde Tideke Schowenborg sin kumpan de hebbet gesatet ein dink mit rade erer werkgenoten de dar mannesnahmen sindt, dat gelt, dat de kinder pleget ut to gewen umme dat jar malk einen helling und ander gelt darto, dat se wol möchten vordon to erem bederwe: darvon hebbet se gesatet einerley dink, dess Gott sall hebben ehre unde de sele bederf. Gy höret, dat ludet aldus: dat se hebbet gesatet, dat gy sollen hebben veer lechter van vier ende twintig punde wasses, wann ehr se nyes gemaket sindt. De ver lecht schal

men don allen denjenigen de dar stervet, de er lechtgelt darto
plegen to gewen, umme dat jahr, se wörken offte se wörken
nicht, und darto de lüchtere und eren pellel unde darto einen
penningk den altarherrn to sunte Maternesse in den dome, den
wy hebbet gekoren to einen overmanne unser sele to plegende.
De schal vorlesen eine selemisse der sele, de verstorwen ist,
und allen kristene selen und twey pennink wert brodes armen
lüden to gewen in des doden huss, wannehr, dat he ist be-
graben. Der meistere der sindt twe den unser herren de sche-
pene befehlet dat ambt jährlichs up ehre cyde, dat halbe jahr
soll waren de eine meister dat brodt to geben und nicht weg
to gaen, dat brodt sey vergeben, dat ander halbe jahr de ander
meister und wer den doden hefet, de sal senden einen penning
den meister, dat he gebe dengenen de de lechter bringet und
verwahret. Were dat also, dat des de dode van armode nicht
vermöchte, so sollen de meister don van des ambtes gelde.
Vortmehr hebbet de meister versatet alle jahre twölf seelnisse
den selen de sindt verstorwen in den ambte, und allen kristen
selen ende de lebendigen, dat se Gott sterke in allen goden
werken; diese twölff penninge de sollen se geben den altarherrn
sunte Maternesse in den dome, de vorgenohmet ist, in veer tiden
des jahrs: dat ist des negesten sondages na twelfften, na sünte
Walburges dage, na sünte Margarehten dage ende des sondages
na aller Gottes heiligen dach. Were dat also, dat dit dat ambt
versümede, so sall de altarhere manen de mester und na dat
ambt mit geistlichen rechte, wantet de sele anröret. Dessen
prester, den gi hebbet gekoren to troste juwer seele ende siene
nakömlingen, den solt gy klagen wat juwe entbreke in dieser
versattinge des pennings de tor der seelmisse horet, ende der
twyer penning wert brodes in den huss to geben, wannehr de
dode begraben ist, ende der twelf seelmisse de men sall lesen
den seelen de in den ambte verstorben seyn; wére dat gy in
dessen dreien stücken ichtes entbreke, dat solde he mit juwe
und jy mit ehm helpen klagen im geistlichen rechte, want es
de seele angehet; wat gy anders hebbet to saken, dat de statt
anrohret unde juwe ambt, darmit hewet de prester nicht mede
to donde. Vortmehr wannehr de werkgenoten dess begehret
sindt, so sall de prister by ehm sitten sonder sienen schaden

und wesen goden hogen mit ehme und lesen ehme den bref,
dar ehre versattinge an steit. Vortmehr sollen se hebben veer
lechte, de sollen hebben achte pundt wasses, wann se gemaket
sindt, de willet se doen allen den kindern, de weferschen to
modern hebbet, de ehre lechthellinge gewet umme dat jahr, de
vader de sy wat mannes he sy. Wer de lütken lecht lat halen,
de sall dar senden einen penning, dat man de lecht mede betert;
wer se tobrekt, de sall geben vor den bröke einen penning;
unde vor de groten lecht ist vor den bröke twei penning. De
dar vorarmode[de] offte versükede und sin gelt nichten möchte
geben aver lang offte aver kort, deme sall men dit allike wohl
donn; vertege we des werkes unde sin lechtgelt nicht geben
wolde binnen jahre und dage umme sinen dohlen mot, so ne
drochte wie ehme in unsern amble nicht bekennen; weret da
es we vortege unde geben mochten umme dat jahr sienen lecht-
helling, dat were über lang oder über kort, deme soll man like
wohl werkes recht doen, wo he binnen der statt blewe. Dar
men dit schall von tügen, dat sindt de hellinge de de stelle
gebet, de dar laken würket to Ossenbrügge. Vortmehr so
gebet de mester darto alle de bröke de ihm fället, wo dahne
wisse dat se kompt von den amble, de ehre vorfahren plegen
to verdrinken. Dit gelt dat man hier to hewet gesatet, dat fällt
bowen dat gelt dat den schepene fällt in de büssen. Were dat
also, dat eine sterbunge käme, dat se dit van der rente nicht
tügen könnte, so sollen alle denjenigen, de stelle hebbet, gaen
uppe den verden penning unter twischen sich beschatten jeder
na siener macht uppe dat se Gode wolden [1] ende den selen.
Hirumme dat se sich dess übergebet, dass se dat beteren willet
offte ehm entbrekt, so willet se und satet, dat alle de mannes-
nahmen sindt in de werke, dat de mester, de dat ambt waret,
des geldes nicht verdon sen [2]); verdont mit ehren rade der
mannesnahmen und bewiesen em des negsten sondages na sünte
Andreas dage, ob de schepene andere mester willen setten, dat
se weeten wat ehr dink sy. Nu vortmehr bittet se juw, nu se
sich aldus vorotmödiget dat gy juwe wedder vorotmödiget unde
bringen umme dat jahr jeder einen helling to des mesters hus
de dat ambt dan verwahret: dat ist des sondages negst na
sünte Wahlburger dage, unde sollen dat weten, we des nichten

dede, dat se ehme dan willet söken, alse ehres werkes zede van oldes hefft gewessen sindt den tiden, dat se ju nichts biddet to aller desser versattinge, män also gy van oldes hebbet gegeven ende gy selben wilkorden uppe den huss, dar alle de [3] raht ende de nige zat beyde van der niggen statt unde van de alden und de weverschen beyde van den niggen statt unde van de alden gegenwerdig weren, dat gy mit lefe wolden geben; unde diesen brief schal waren de eldeste van den werke, he wahre dat ambt van der schepene wegen offte nicht. Da van Gaders bort weren vergan dusend jahr dreyhundert jahr seven ende vertig jahr dess freydages negst vor der hochtit der aposteln sancte Philippe ende Jacobi, do ward desse breff ende desse versattinge, de hier angeschriben steit, gevollbordet und gestettiget mit goden willen der schepene des rades der lewen stadt to Ossenbrügge, de waren desse, de hier sindt geschriewen: Gerhardt Haseke [4] schepenmester, Justacius van den Brinke, Johan van Sliclo, Johann van Anchen, Johan Blome de junge, Henrich van Singelo [5] Gerhardus zone, Wikbold van Ummete, [6] Ulrich van Tule, Franco Klyge, Nicolaus Dunker, Johann Billekewer, [7] Friederich van Lünne, van der niggen stadt: Schweder Dunker, Herman Paternelle, Werner de Voget und Volquin van Wimmere; vortmehr de mester de sint des überkommen mit rade ehrer werkgenoten, dat sey willet bringen ein lecht van einen pundt wasses uppe den dach des goden sunte Maternesse to X uppe sin altar in den dome jährlichs, dat geld schal men nehmen von des ambtes gelde. Were dat also, dat dat ambt des nicht vermochte, so solt de mester geben ut ehren eigenen budele. Dieser versattinge was ein anbegin ende ein vullenbringen: Johan de Rode de da ein meister was des ambts un de lange wessen hadde bi tiden herrn Gerdes [8] van sunte Katrinen de fundator was des altars mit helpe goder lüde, de hebbet gegeben den Johanne siene jahrtit to begahnde siener seele mit allen glöbigen seelen mit einer seelemisse.

[1] ft. woldeden (?). — [2] ft. solen. — [3] ft. de alde. — [4] ft. Haseking. — [5] ft. Ringelo. — [6] ft. Vinnete. — [7] ft. Bilkeret. — [8] Gerhardus v. Wildeshausen wird 1338 als Caplan zu St. Katharinen erwähnt, Mitth. XIV, S. 188.

**7. — um 1354.**

Von ben „gemeinen" Gilbemeiſtern unb bem Rathe feſt=
geſtellte Scheibung zwiſchen ben Leberſchneibern (Riemen=
ſchneibern) unb Sattlern (Schilbern) über gegenſeitig zuge=
ſtanbene Leberarbeiten.

(Original in ber Labe beš Riemenſchneiber-Amts.) Druck:
Mittheilungen VII, 207.

Kundych unde openbar ys den ledersniderammete, dat de
zedeler anspreken de ledersnider, dat se makeden stegherepes
leder; dar schuldegheden vort de ledersnyder de zedeler unde
spreken ze weder an, dat ze makeden halteren myt wervelen.
Dyt quam vort vor den rad un vor de meynen gillemestere; dar
vorden[1] ze aldus ghescheyden, dat de zedeler moghen maken
halteren unde doen dar rynge yn zunder nyne wervel unde de
ledersnyder moghen snyden stegherepes leder unde zelten dar
yn rynge zunder nyne boghele. Vortmehr da desse scheet schach,
weren borghermester Arn Dunke[2] unde Dethart van Dummes-
torpe,[3] ok tho de zulven tyd weren der zedeler gyllemestere de
olde Powe un Johann von Monster, vortmer de gyllemestere der
ledersnyder weren Clawes von Melle un Johan Ryghe.

[1] ſtatt worden. — [2] ft. Dunkere. — [3] Bürgermeiſter 1354, 1355, 1358,
ſ. Mittheilungen VI, S. 52.

**8. — 1360, April 23.**

Bürgermeiſter unb Rath genehmigen, baß bie „rinbernen"
Schuhmacher ſich mit ben Corbuanern zu einer Gilbe
vereinigen.

Abſchrift Staatsarchiv Abſchnitt 36, Nr. 18. Druck: Mit-
theilungen VII, S. 158.

Wy Herman van Melle borgermester, Henrich van Ringelo,
Johan van Antham,[1] Henrich van Hoppene,[2] Henrich van
Betham,[3] Gerdt van Soest, Johan Hockenese, Statius van den
Brinke, Albert Stumme, Hermann von Dissene, Eilhardt van der
Culen und Diderich Brumsele scepenen des stades tho Ossen-
brügge bekennet und betüget openbahre in düssen brewe, dat
vor uns quemen Johan de Kalcberner unde Herman Bauhard[4]
gillemester de[5] rindernen schomakere tho Osenbrüg und be-
klageden sick des schwerlicken vor uns, dat se und ere gille-
bröдere vom rechter bemacht nyne sünderlike gille lengst[6] vor-

holden oder bevulborden en konden [7]) also se went ˆan dessen
dach gethan hadden; des hebbc wy dat vergewen [8]) ümme bede
willen Erdelbynes [9]) Volberting und Hermannes van Lödera, de
to der tidt gillemestere weren der kordolbanerer dat de kordol-
banerer-gille und dat rindernen schomacker-gille zall wesen ene
gille und de altidt bliewen unvertogen der stadt tho Ossenbrügge
unde dem rade al eres [10]) rechtes unde rente. Dat dit stede
unde vast bliewe, des hebbe wy unses stades grote insiegel ge-
hangen an dessen bref. Anno Domini millesimo tricesimo [11])
sexagesimo feria quinta die [12]) dominica [13]) cantatur misericordia
Domini.

[1]) ft. Anchem. — [2]) ft. Hoppener, fo ber Drud. — [3]) ft. Belham, fo ber
Drud. — [4]) Borchard, ber Drud. — [5]) ft. der, fo ber Drud. — [6]) ft. lenger,
fo ber Drud. — [7]) Drud; erdenkenden, bie Handfdrift. — [8]) overgeven, ber
Drud. — [9]) ft. Erdewines, fo ber Drud. — [10]) Drud; wes bie Handfdrift. —
[11]) ft. trecentesimo. — [12]) ftatt post dominicam.

### 9. — 1370, Januar 11.

Bürgermeifter unb Rath fehen mit Rath der Weisheit unb
Genehmigung der Gemeinheit feft, baß ein Gilbebruber
während er im Rathe fiht, fein Handwerk nicht üben barf

Stabtbuch S. 66. (Erwähnt Mittheilungen VII, S. 56.

Wy borghermeyster unde raet des stades tho Osenbr. en-
kennet unde betughet openbare, dat wy mit rade unzer wysheyt
unde mit volbort unzer meynheyt des zint eyndrechtliken over-
komen, welich man de in den raet des stades tho Osenbr. ghe-
koren wert, dat de ghene de wile he den raet bezittet syn hant-
werk nicht oven enzal, alze unzes stades olde wonheyt ghewezen
hevet, mer wan he dan weder ut den rade komet, zo mach he
doen of he wil, na alze vore. Acta sunt hec sub anno Domini
M⁰CCC⁰ septuagesimo feria sexta proxima post festum epyphanie
Domini.

### 10. — 1371, September 1.

Bürgermeifter unb Rath beftätigen eine alte Scheibung
zwifchen Leberfchneibern (Riemenfchneibern) unb Krämeren
über Feilhalten von Leberwaaren unb Alaun.

Stabtbuch S. 96. Drud: Friderici-Stüve, Gefchichte ber
Stabt II, Nr. 92, S. 110.

Wy borghermeyster unde raet des stades to Osenbr. en-

kennet unde betughet openbare vor uns unde unze nakomelinge
in deme rade, dat der ledersnydere ghille uns vakene clagheden,
over de crmere (!) in unzer stat lederwerk veyle hadden dat in
der ledersnydere ·ampt rorde, des quemen to lesten de beyde
ghille vor uns: dar clagheden de ledersnydere over up de cre-
mere de zelven claghe, dar antwordeden de cremere to unde zeghe-
den ire vorevaren vore unde ze na hadden zodan lederwerk
vele ghehat vertich yar unde lengh[er] unde clagheden over de
ledersnydere, dat de alun vele hadden, de in ire ampt rorde,
dat wederspreken de ledersnydere unde zegheden, dat zelghe
Dethard van Dummestorpe unde Arnd Duncker ¹) by irer tyd
unde de ghene de mit en to rade zeten, hadden de cremere
unde ze ghesceyden umme de zelven zake, dat de cremere
nyn lederwerk vele hebben zolden, dat in der ledersnydere
ammet rorde, mer stenpede gordele myt zyden gheneyt, Collesche
hantschen, tasschen van binnen mit roden ledere, budele mit
zyden toppen; ok moghen ze alun mit den cremeren veyle heb-
ben; unde irer achte de ellesten ute irer ghille wolden dat
beholden mit iren rechte, dat de twe ghille in der wize ghe-
sceyden weren. Dar stedede wy de ledersnydere to na rade
unzer wysheyt. Des sworen irer achte de ellesten ute irer ghille
mit upgherichteden vingheren ghestaveder eyde, dat der cremere-
ghille unde der ledersnydereghille van den borghermeystere unde
rade vorghenompt in der wyse, alze hyr vore ghescreven steyt,
gesceyden worden; dar de gantse ghille van den cremeren vor
uns an unde over weren; unde up de scheet unvorgheten blive
zo hebbe wy desse stucke zelten laten in unses stades bock in
dem yare do men screyf na Godes bort duzent drehundert eyn
unde seventich yar, Egidii confessoris.

¹) waren 1354, 1355, 1358 Bürgermeifter; f. Mittheilungen VI, S. 52.

**11. — 1372.**

> Bürgermeifter und Rath erledigen einen Streit der Loh-
> gerber und Schuhmacher durch die Entscheidung, daß jeder
> Schuhmacher so viel Leder lohen darf, als er zu seiner eige-
> nen Arbeit gebraucht.
>
> > Stadtbuch S. 110. Druck: Friderici-Stüve, Geschichte der
> > Stadt II, Nr. 105, S. 135.

Wy borghermeyster unde raet des stades tho Osenbrugge,
de den raet bezeten in deme yare do men screyf na Godes ghe-

bort duzent yar dre hundert yar in deme twe unde seven-
tighesten yare, enkennet openbare, dat eyn scelinge was tusschen
den ghilden der lore unde der scowerten, de sceydede wy in
desser wise, dat eyn jewelich scowerte mach loen alzo vele
leders, alze he bedarf tho synes zelves werke, unde is it, dat
em dar en boven lo overet, dat mach he vorkopen zunder ar-
ghelist.

**12. — 1376. (S. Nr. 15.)**

Scheidung zwischen den Lohgerbern und Erchmachern über
die Berechtigungen der Erchmacher; alle Strafgelder bei den
Erchmachern sollen halb den Lohgerbern zufallen.

(Abschrift in Rathsacten.) Druck: Mittheilungen VII, S. 173.

In dem jahre unses Herren, do men schreeff na Godes gebortt
dusend jahr drehundert jahr in deme sess undt seventigesten
jahre, wehre wy gemeine lohamt to Ossenbrügge schelachtich
mit den gemeinen erchmackerambte tho Ossenbrügge unde
scheideden in desser wise, dat nyn erchmacker tho Osenb. niner-
ley rinder valleder löen offe gahren en sollen, idt en wehre dat
ze knyffinck kofften dar vyff kalff vell offte darbeneden mede
wehrenn; de mochten ze löen offte gähren undt nicht mehr undt
daren solen ze ock nyne sunderge kalff vell tho kopen sunder
argelist. Undt wes in denselwen erchmacker-ambte vallet van
bröcken alse van tobringene oder van overkope, dat sole dem
lohamt half böhren undt der erchmacker-ampt de andere helffte
bören; undt welck erchmacker brockachtig wort vor der portenn,
alse de lokop gesatet iss, den bröcke sole wy lohambt undt de
erchmackere tho samende verteren; undt so vakene, alse ein
erchmacker einen lehrknecht tho settet, wat de lehrknecht gifft,
dat sole wi lohampt halff böhren undt der erchmackere ampt de
andere helffte böhren et cet.

**13. — 1387. (S. Nr. 14.)**

Die Gildemeister (doch wohl die gemeinen) erinnern den
Rath, daß sie von dessen Gnade das Statut haben, daß
kein Bäckermeister einen Gesell im Winter im Dienst haben
soll, der den Sommer über Landarbeit gethan hat.

Wenig spätere Abschrift im Rathsarchiv VI E 83. Druck:
Mittheilungen VII 168.

In den yare unses Heren, do men screff duzent drehundert in den seven und achtentighesten, do Herman van Dissene borgermester was und Diderich Brumzele, Wichman Peternelle, Herman van Dummestorpe, Johan Crumyseren, Johan van der Beke, Franko Mekelenborgh, Johan Focke, Teleman de Hoppener, Gherd van Leda, Bernd van Harsten, Albert van Westerholte, up der oldenstat Herman van Melle, Albert Buck, Rabede van Haren und Bernt myt der Lysten up der Nyenstat to Osenb. scepenen den raed des stades bezeten, alzo dat de ghildemester van des amtes weghene spreken vor den raede, dat ze de zate und wonheyt hadden van ghenaden des rades, des ze den raede dar erinneden, dat nyn man van den bakampte jenyghen knecht des wynters yn denste holden zolde, de des somers dar vore buten Osenb. myt megene, myt gravene eder andersjenigherleye wys ghearbeidet hadde.

**14.** — **1389.** (S. Nr. 13.)

> Das Backamt zeigt dem Rathe an, daß es beschlossen hat, den Töchtern, welche nicht außerhalb des Amts heirathen, ebenso viel Recht zuzugestehen, wie den Söhnen, von einem Fremden aber, der in das Amt hineinheirathet, ein Meister-stück zu fordern.
>
>> Gleichzeitige Abschrift im Rathsarchive VI E. 83 auf dem-selben Zettel, wie die Aufzeichnung v. 1387. Druck: Mitthei-lungen VII 169.

Item in den jare, do men screff duzent drehundert in deme neghen und achtentyghen jare, do Herman Tutynch borgermester was und Johan van Melle underborgermester, und Gherd van Leda und Johan Vederve und ander gude lude, de to der tyt den raed bezeten, und in der tyt do Reneke Ackerman und Vol-bert Vederve ghildemester weren, dat ze overdroghen myt den ganzen ampte und myt wulbord (!) des rades, dat enes mannes dochter, de in den ampte born ys und sich nycht vorandersedet hebbet buten den ampte, de dochter sal so groet recht hebben to der ghille, alze de sone. Weret ok, dat de dochter enen man neme de nyn recht en hadde to der ghille, de zal syne hant zeen laten ane des amptes scaden, und dar zolen an und over wezen de twe ghillemester und de olden twe ghildemester und de twe broetschouwere de dan to der tyt synt.

**15. — 1395, December 13. (S. Nr. 12.)**

Der Rath von Osnabrück beschränkt den Lederhandel zu
Gunsten der Lohgerber und verbietet die Lohwagen zwischen
Ostern und Jacobi zu pfänden.

Stadtbuch S. 110. Druck: Friderici-Stüve, Geschichte der
Stadt II, Nr. 105 S. 135 und Mittheilungen VII, 173 aus
einer alten Abschrift in den Acten des Rathsarchivs, offenbar
überarbeitet.

Vortmeer in den jare unses heren, do men screef duzent
jar dre hundert jar in den vyf unde neghenteghesten jare, up
sunt Lucien dach hebbe wy eyne ghenade gegheven den lo-
ampte, dat nyn gast eder uthman en zal kopen bynnen Osenbr.
ruwe lude beneden eynen halven deker; wered dat dat we dede,
zo manighe hut, alze he koste, zo manighe twelf pennynge zolde
de breken in dat lo-ampt; uthgesproken de twe jarmarkte to
nyenmarkte unde to hernemisse. Ok en zal nyn gast eder uth-
man kopen grone hude uthghesproken de vorg. twe jarmarkte.
[Ock hebbe wy eine genade vom dem burgemisteren undt ra-
de des stades tho Osenbrügk, datt ze uns alle lowegene vor
besate veliget binnen Osenbrüg alle jahr vonn paschen an
wente sunte Jacobstage, undt ock dat nyn börger buten unsen
ambte off nyn uthman nyn leder binnen Osenbrügge vorkopen,
vorbüten offte schliten mach oder en sall, idt en wehre dat
unser gildebrödere welck dat gelöet undt geschleten hadden, in
vorkope offte in vorbüten rc.] [1])

[1]) Zusatz im Drucke (Mitth. a. a. O.) der sich dann ebenda S. 174 noch
einmal fast wörtlich wiederholt; vergl. Nr. 15.

**16.—15. Jahrhundert.**

Scheidung der Lederschneider (Riemenschneider) und Schwerdt-
feger (zum Schmiedeamte gehörig) durch die gemeinen Gilde-
meister wegen der Berechtigung, alte Harnische mit Leder
auszuschlagen.

(Aus der Lade des Riemenschneiberamtes.) Druck: Mitthei-
lungen VII S. 169 (vergl S. 57 u. 102).

Kundych unde openbar ys den odelsten (!) van der leder-
snyder-ammete van oldes, dat de swertveghere schellachtych
weren myd den ledersnyderen, dat zyk dat smetammet annam,
warumme quam dar yn gherychte dat ammet der ledersnyder

unde sprak ze an, dat ze wyt leder sloghen yn olt harns, dat
den ledersnyderen tho horde unde ze nycht doen enne mochten.
Dar quemen beyden ammete un berepen zyk vor den meynen
gyllemesteren, dar spreken de ledersnyder: ze woldens dar
blyven by den berven lüden unde by den rechten na erer an-
sprake unde na der smede-ammete wedertale unn dar behelden
de ledersnyder yn gherichte unde makeden dat war myt eren
oldesten, dat ze desse vorgheser. zake nycht don ene mochten.
Ok wart dar den ledersnyderen van den gyllemesteren tho ghe-
zeghet, zynd tho den tyden, dat ze dyt war maken wolden myt
eren oldesten eres ammetes, zo en scholden ze desse vorghe-
screven sake nycht doen. Weret ok dat ze et deden, dat scholden
ze unde noch scholen vorbeteren den ledersnyderen na eren
wyllen. Desse scheyt ys ghescheyn yn den tyden, dat Johan
Lentvort unde Wyllcken de Bokeler weren der smede gylle-
mestere unde yn den tyden, dat Albert van Monster unde Johan
Budde weren der ledersnyder gyllemestere. Ok ys dyt ghescreven
yn eyne dechtnysse erer nakomelynge, up dat ze weten wat ze
myt eren ende myt rechte beholden moghen.

**17. — um 1400. (S. Nr. 15.)**

Statuten des Lohgerber-Amtes besonders über die Aufnahme-
bedingungen.

Abschriften in den Acten des Rathsarchivs; vergl. Staats-
archiv Abschnitt 36, Nr. 18. Druck: Mittheilungen VII, S. 174.

Vortmehr welch mann unses lohambtes begerenne iss tho
winnene, de soll sich vordregen darumme mit unsem gildemesteren
undt dartho mit veren offe sessen der redelickesten uth unsem
ampte und geldenn düm dar dre schillinge tho vordrinckende,
darna wannehr men unse ambt vorbadet, dat wy den entfangen
sölen in unse ampt, wanner dat gescheen is, so soll he dem ge-
meinen sülvesheren in unsem ampte geven einen bacharst und
ein hop (!) gebraden, kese undt broedt undt gelden dann dartho
dre schillinge tho vordrinckene undt geven dann unsem ambte
unvortöget veer mark penninge, alse dann tho Ossenbrügge ginge
undt geve sindt, undt darna, wann ehr unse ambt begerene
iss, so sall he den gemeinen sulvesheren in unsem ambte einen
denst doen mit aldüssdanen gerichteten: vor erstem soll he
geven pottharst, darna schinken undt backharst dröge dar warmes

by, darna in jewelicke schottelen ein halff hoen gesoden undt
wohl togemacket undt darby eine quarte winnes in flasschen by
jewelicke schöttelen, darna grotstückende kho mit zennepe, darna
backbarste undt hope gebraden, darna kese undt botteren undt
dartho ein vatt gudes beers van twe und twintich vorbranden
over tafflen tho drinckene; dat fleesch, wien undt beer sall he
kópen mit helpe undt na rade twyer unser gildebrödere, de eme
unse gildemeistere dann dartho settet undt gevet. Und wannehr
de denst gedaen is, so sall he unsem ampte unndt tho des
ambtes behoeff twe wermde (!) hüde löen zunder des ambtes
schaden.

Oik hebbe wy von oldes eine sede undt wonheit, dat wy
eine ¹) berüchtede lücke ²) offte eine ¹) papenkindere in unse ambt
nehmen darven offte sölen et. cet.

Vortmehr welch löhrs sohne, de unse ambt hevett offte
welch bederve knecht, de eines löhers dochter nimbt, dar he
unse ambt mede nimbt unde de unse ambt ankliven willet, de
sölen nicht utgeven, mer se sölen den gemeinen sulvessheren
in unsen ambte eine maeltidt einen denst doen mit aldussdanen
gerichten: thon ersten schinken undt backharst dröge, darna
grotstückede kho mit sennepe, darna hope und backharste ge-
braden, darna kese undt botteren undt ein vatt gudes beers von
twe und twintich vorbranden over tafflen tho drinkene; wil he
ditt warmede verbetteren, dat mag he doen; dat fleesch und
beer tho dem denste sall he kopen mit helpe und na rade
twyer unser gildebrödere, de ehme unse gildemestere dann dartho
gevet; desse mahltydt und denst mag he doen des nones offte
des vespers welcker em bequemest iss et cet.

Ock ³) hebbe wy eine genade van dem rade van Osenbrügk,
datt ze uns alle lohwegene vor bezate veliget binnen Osenbrüg
alle jahr van sunte Walburgis dage wente sunte Jacobsdage,
undt ock dat nyn borger, de in unsen ambte nicht en is, offte
nyn uthman nyn löet leder binnen Osenbrügge vorkopen en sal,
idt en wehre datt unser gildebrödere welick dat gelöet undt ver-
kofft hadden et cet.

Ock en soll nemandt van unsen gildebröderen gelt nehmen
von einem buten unsem ambte uppe halffwininge, dat he
handtere in siner boden et cet.

Ock en soll niemandt in unsen ambte roden vell effte söge vell löen et cet.

Ock en soll niemandt in unsen ambte sinen knechte ledder löen, idt en sy datt de knecht unse ambt hedde.

¹) ft. nine. — ²) ft. lüde. — ³) vergl. Nr. 15.

## 18. — 1404, December 19.

Die Weisheit und Gemeinheit entscheiden einen Streit des Raths der Altstadt mit dem der Neustadt über die Leinwand=büchse dahin, daß deren Inhalt dem Rath der Altstadt allein zukommt.

Stadtbuch S. 72.

In den jare unses Heren, do men screeff duzend veerhundert jar unde veer jar, des vrydages ton veertyden vor sunte Thomazes daghe des apostols were wy borgermeistere unde schepenen up der oldenstat up eyne zyd, unde wy schepenen up der nyen stat up de anderen zyd schelachtich unde twyende alse umme de lenwandbussen de over unse alingenstat ghezatet is, dar de sche-penen up der nyenstat menden, dat ze dar recht mede to hadden unde wy borgermeister unde raed up der oldenstat menden, dat wy dar alleyne recht to hadden, to hand unde behof der ghemeynen dracht unser alingenstat, de uns borgermeistere unde schepenen up der oldenstat dagelikes anliggene zind openbarliken. Desse schelinge unde twygynge hebbe wy beyde partye vorge-nomt ghebracht an unse wysheyt unde, ghemeynheyt de unses stades raed mede gesworen hebbet, de uns borgermeisteren unde schepenen up der oldenstat de lenwandbussen alleyne to wyseden to behof der ghemeynen dracht unser alingen stat ghenssliken, also dat de schepenen up der nyenstat in der lenwandbussen nicht en solen hebben.

## 19. — 1407.

Beschluß der Gildemeister der elf Aemter, daß ein Gildebruder, der mit seinen Gildemeistern uneins ist, bei seiner Klage vor den gemeinen Gildemeistern höchstens 6 aus den Gilden, aber keinen Mann aus der Gemeinde mitbringen darf.

Pergamentzettel im Staatsarchive aus der Krameramtslade. Druck: Mittheilungen VII S. 188 und Friderici=Stüve, Ge-schichte der Stadt II, Nr. 124, S. 166.

Umme tucht unde ere aller ammete to Osenbr. zo zynt aver-

komen unde vordreghen al de gyldemester olde (unde nyge):
wer, dat welyk gyldebroder in ammete syltene twygdrachtych
worde myt synen gyld(eme)steren ofte myt synen ammete ofte
myt jenegen gyldebroder, zo dat he des to donde hedde, dat
he, dat soken moste vor den ghemenen gyldemesteren, als he
dar komet, dar en sal he nynen mentes man mede brengen: by
namen, de buten den elven ammeten sy beseten; behovet de
wene myt syck to nemene, den mach he bydden, wo he an den
elven ammeten zy beseten, der mach he bydden twe ofte dre
went to sessen unde nycht mer; wer ock we der hirna dat vor-
breke, unde unharsam hir anworde, als hir vorgescreven steyt,
de sal dat al den elven ammeten verbeteren na sede unde won-
heyt der ammeten. [Geschein anno MCCCCVII.] ¹)

     ¹) Das Datum nach dem Drucke bei Friderici=Stüve.

## 20. — 1407, Juli 8.

> Nachdem Bürgermeister, Rath, Weisheit und Gemeinheit
> beschlossen hatten, Godeke den Loher für immer vom Rathe
> auszuschließen, weil er Bürgermeister und Rath mit Worten
> beleidigt hatte, wollen sie ihn auf Fürbitte sämmtlicher
> Gildemeister noch bis Weihnachten im Rathe dulden unter
> der Bedingung, daß er dann nie mehr in den Rath kom=
> men soll.
>
>      Stadtbuch S. 84.

In deme jare unses Heren, do men screeff dusent jar veer-
hundert jar in deme seveden jare, uppe den hilligen dach sunte
Kyliani were wy borgermestere. schepen, raed und unse gantze
wysheyt unde ghemeynheit to Osenbr. schellachtich myt Godeken
den Lore to der tyd gildemestere der loreampt to Oss. umme
alsodane wort, de he ghesproken hadde, de uns bormesteren
unde rad grossliken andropen, dar wy ene umme anspreken, dar
wy myt unser wysheyt unde ghemeynheyt umme der sake willen
uns to samende vorgadert hadden und en wisten anders nicht,
de selve Godeke en solde van stunden an umme der wort willen
unses stades raed unde ratkameren gherumet hebben und dar
nummer meer weder in to komene. Doch alse wy ut unses
stades ratkameren ghingen unde uns beraden wolden, volgheden
uns de ghemeynen gildemestere ut unser ratkameren also by namen

Dethard van Rulle unde Johan Fybbe der schomakere, Johan
van Anchem unde Erdewyn Blome der knokenhouwere, Hinrich
Gramberch unde Gerd Vosseken der Beckere, Johan van Osede,
Johan Kreye der smede, Eggehard de kremer der kremere, Gerd
de Monter unde Willekyn Blome der scrodere, Herman Wech-
man und Hellenbert van Bramesche der pellenser, Bertold
Esscherlage unde Herman Slenteman der remensnydere, Johan
Stoppekalc der lore, Wessel Kuse, Hinrich van Wechte der erch-
makere unde Gerhardus de Sedeler upden Soltmarkete unde Johan
van Rettlage der zedeler der schildere ampte gildemestere unde
bekoreden uns dat wy Godeken bezitten leten tusschen hyr unde
wynachten neist to komende unde loveden uns unde segheden uns
to samentliken, dat Godeke vorg. na dessen neysten tokomenen
wynachten nummermeer sole in unses stades raed komen noch
gildemester wesen. To vorder dechtnisse hebbe wy dyt in unses
stades bok scryven laten.

**21. — 1409, Juni 27.**

> Der Stadtrichter Johann Scofe bezeugt, daß vor ihm die
> Schuhmacher durch Eid der ältesten Meister ihre Berechtigung
> dargethan haben, soviel Leder zu lohen, als jeder zu seiner
> Arbeit braucht unter Hinweis auf die Scheidung von 1372
> im Stadtbuche. (s. oben Nr. 11.)
>
> Original in der Schuhmacherlade.

Wy Johan Scoke richter des stades to Osenbr. enkennet unde
betuget openbare in dessen breve, dat Everd Zambacken, Johan
de Negher, Rolff . ymhe ., Johan Tyneman, Hinrich de Querner,
Arnd Ristenpat, Gerd geheiten Hugengerd, Herman Bunwart de
olde, Tole van Berghen, Gerd Klinckebile, Arnd van Bure,
Herman van Beren de schomaker, Bernd van Bure unde Gerd
Mosenberch getruwe unde ghans lovenwerdige lude vor uns sind
gekomen in gerichte, dat wy en sunderlinges dar to zeten in
unses gerichtes stole van donhetene der borgermestere unde
rades des stades to Osenbr. unde tugheden unde zworen mit
eren upgerichteden lyfliken vingheren, rechtes gestavedes eydes,
ton hilgen, den wy en staveden van gerichtes weghene, dat en
witlich unde kundich zy, dat des schoamptes to Osenbr. olde
wonheit unde zede zy unde rechte olde tobehoringhe zy desselven

schoamptes, dat eyn yewelich schomaker to Osenbr. lon mach
zo vele leders, alse he bedarff to zines zelves werke, alse des
stades bok clarliken inneholt, unde dat ze dar an unde over
gewesen hebbet, dat de raed van Osenbr., de do was, dat scho-
ampt unde dat loampt to Osenbr. in yegenvordicheit unde mit
vulbort beyder ampte vorg. also gescheden hebben, alse des
stades bok inneholt, unde dat zind der schedinge vorg. tusschen
den twen ampten vorg. nyn ander schedinge gescheen en zy
boven des stades bok, alse vorscr. is, unde ok de olde zede,
wonheyt unde tobehoringe des schoamptes vorg. lancge tyd vor
der selven schedinge, de des stades bok inneholt, unde ok zind
der schedinge ne uthe des selven schoamptes weren ghekomen
en zy sunder argelyst. Hyr weren an unde over Hinrich Gram-
berch, Everd Blotloze, Brun de Wesseller, Albert Stote, Gerd
Ovenstake, Gerhardus de Sluter, Cord van Cassle, Johan de
Trippenmaker, Gerd Sondach, Gerd Werdessch unde ander guder
lude genoch. In premissorum testimonium sigillum nostrum pre-
sentibus est appensum. Datum anno Domini millesimo quadrin-
gentesimo nono feria quinta proxima post festum nativitatis beati
Johannis baptiste.

Siegel vom Pergamentstreifen abgefallen.

## 22. — 1411, April 2.

> Der Rath kommt mit Wollen= und Leinen=Webern überein,
> daß kein „Sulftuch" für den Verkauf, sondern nur auf Be=
> stellung für den Verbrauch des Bestellenden gewebt werden
> darf und daß die Wollenweber kein ungezwirntes Leinengarn
> verarbeiten sollen.
>
> Stadtbuch S. 73.

In deme jare unsses Heren, do men screff na Godes gebord
dusent jar verhundert jar in dem elfften jare, des neisten donre-
dages bevoren der hilighen dage to Palmen zind wy borger-
mestere unde rad des stades to Osenbr., de den rad desselven
stades to den tyden beseten, eyndrechliken overkomen unde vor-
dregen myt den gemeynen wullenwevere unde den lynenweveren
to Osenbr. in desser wise, dat se offte erer nyn maken solen to
vorkopene zulfftuch, dat gescheret is lynenen unde wullen inge-
dregen, utgesproken wes eyn hushere offte eyn husvrouwe selven

bederven willet to erer unde ere kindere unde gesynne kleydinge,
dat mogen de lynenwever maken doch ute olden dichten kem-
men na older wonheit to Osenbr. Mer dat zulffluch zal nemand
vele hebben uppe synen vensteren noch bynnen eder buten synen
hus to Osenbr. Were ok dat yemand van den weveren dat zulff-
tuch anders makede, dan alse vorscreven is, offte to vorkopene
makede, dat zolen de wevere under zyk pinigen unde nemen
des broken van den genen, de dat dan vorbrecht, unde den
broke zole wy unde unsse nakomelinge en bemanen helpe, offte
en des dan not sy, unde de selven broke solen dan halff wesen
unsser unde unsser nakomelinge in deme rade unde de anderen
helff[te] der broke zolen ze beholden. Were ok yemand bynnen
Osenb., de dat zulfftuch vorkoffte up synen vensteren unde byn-
nen eder buten synen hus, de zal uns unde unsen nakomelingen
geven van yeweliken snede dre schillinge unde de broke solen
unser unde unser nakomelinge to hand unde behoff unses stades
alleyne blyven. Ok en sal nyn wullenwever nynerleye ungetwerent
garen, dat lynen is, scheren eder worken bynnen Osenbr. Were
yemand van en, de dat dede, dar solen de lynenwever van en
umme nemen, unde den broke sole wy unde unse nakomelinge
en bemanen helpen, offt en des not sy, unde de selven broke
solen dan halve wesen unser unde unser nakomelinge in deme
rade unde de anderen helffte der broke solen ze beholden. Dyt
hebbe wy myd en unde se myd uns gevunden umme nud unde
bederff unses stades unde umme vrede unde guder (!) eyn-
drachtes willen.

**23.** — 1412, Februar 21. (S. Nr. 17.)

> Beschluß des Lohgerberamts, baß jedesmal der zuletzt auf=
> genommene Gildebruder das Botenamt der Gilde zu über=
> nehmen habe.
>
> (Abschrift in den Acten des Rathsarchivs).   Druck: Mitthei-
> lungen VII S. 175.

In dem jahre unses Heren, do men schreff na Godes gebortt
dusent jahr veerhundert jahr in deme twelfften jahre, des hilli-
gen sondages tho allermanne vastavende sindt wy Herman Bile-
veldt undt Johann Stoffekalk, de tho der tydt gildemestere weh-
ren des loh-ambtes tho Osenbrügge, undt gemenen gildebrödere

des vorg. ambts des gemeineliken overkomen undt vordregen,
welch man nyest in de vorgemelte gilde kumpt, dat sy löhrs
sohne offte nicht, edder anders we de de gilde winndt, de sall
sick des badenambts mede under winden undt dat dartho höret,
und dat vorwahren so lange, dat ein ander gildebroder in de
gilde nyst kome, de sall dat don¹) na vorwahren, alse de ander
bevoren ehme gedahn hevett et cet.

¹) st. dar.

## 24. — 1412, November 25.

„Weisheit und Gemeinheit" entscheiben die Zwietracht über
die Accise zwischen dem Rathe der Altstadt und dem der
Neustadt dahin, daß die Accise der Wandschneider ebenso
wie die Grutaccise den Schöffen der Altstadt zukomme.
Stadtbuch S. 73.

In deme jare unses Heren, do men scref na Godes gebort
dusent jar verhundert jar in den twelfften jare, uppe der hilgen
juncvrouwen dach sunte Katherinen were wy borgermestere unde
schepenen up der oldenstad up eyne zyd unde wy schepenen
up der nyenstad to Osenbr. up de anderen zyd schelafftich unde
twiende umme tyns unde sise, den de wantsnydere up der nyen-
stad van den wantsnydene plegen togevene, in desser wise, dat
wy borgermestere unde schepenen up der oldenstad menden
na deme dat unse oldestad manichvoldige dracht, de der alyngen
oldenstad unde nyenstad vorg. to gelike an rorende sind unde
ok to dregende plecht, dat unse borgermestere unde schepene
der oldenstad vorg. dar umme de wantzyse unde grutzyse van
den nyenstederen wantsnyderen alleyne toboren¹) solde, des de
schepenen up der nyenstad menden na deme, dat de wantsny-
dere uppe der nyenstad woneden, dat en dar umme de zyse
toboren¹) solde. Desse schellinge unde twiinge hebbe wy beyde
partye vorg. gebracht an unse wisheyt unde gemeynheyt, de
unses stades rad mede gezworn hebbet, de uns borgermesteren
unde schepenen up der oldenstad den wantzysen unde ok den
grutzysen alleyne to gewiset hebbet to hand unde behoff der
gemeynen dracht unser alingen stad genssliken, also dat de sche-
penen up der nyenstad in den wantsyzen unde in den grutsysen
nicht en hebben solen.

¹) st. tobehoren.

**25. — 1413, April 13.**

Der Stabtrichter Johann van ber Wyben beur=
kunbet, baß ber Rath das Badamt auf ber Altstabt unb
„bie gemeinen Bäder" auf ber Reustabt über bie Folge,
welche bie letzteren bem Altstäbter Badamt zu leisten haben,
geschieben habe.

Aus ber Labe bes Badamts.   Druck: Mitth. VII, 202.

Wy Johan van der Wyden richter des stades to Osenbr.
enkennet unde betuget openbare in dessen breve, dat de borger-
mestere unde rad des stades to Osenbr. in eren stittende (!)
stole desselven rades de gildemestere unde gemeynen becker-
ampte up der Oldenstad up eyne zijd unde de gemeynen beckere
up der Nyenstad to Osenbr. up de anderen zijd vor uns, alse
in gerichte, sik lefliken unde vrentliken gescheiden hebbet umme
schellinge unde twidracht, de aldus lange tusschen en gewesen
hevet, in desser wise: Weret dat yenich schellinge eder uplop
schege eder velle tusschen en ollen eder yemande van den eren,
he were sulffeshere eder knecht van eren ampte, der eyn van
der Oldenstad unde eyn van der Nyenstad to Osenbr. were, den
des to donde is, de mach dat clagen den gildemesteren der
becker-ampte up der Oldenstad, de solen den ghenen, dar de
dan over claget, dar by verboden laten unde na des clegers an-
sprake unde na des anderen wedertale solen deselven gilde-
mestere up der Oldenstad der schellinge richter wesen na zede
unde wonheit eres amptes; unde dar mogen de gildemestere
unde gemeyne beckere der Nyenstad dan by stan, all offte eyn
del, ofte se willen, utgesproken blodwundinge unde schuldich
gelt unde gut, unde were de sake dan also gelegen, dat dar
broke van vellen (!) van beyden partyen eder van erer eyn, de
broke sal men leggen by deselven gildemestere up der Oldenstad
to Osenbr. vorg. de des ok manere wesen solen; ghinge dan de
broke aver eynen sulffesheren eder knecht van der Nyenstad,
wanner dan de gildemestere des beckerampte up der Oldenstad
den broke esscheden, dar moge dan der beckere gildemestere
up der Nyenstad by stan; duchte den dan, dat den van der
Nyenstad de broke ungenedeliker van esschet worde, dan eynen
becker eder beckerknecht up der Oldenstad, dat mochten deselve
gildemestere up der Nyenstad wederspreken unde bringen dat

an de anderen gemeynen gildemestere der ampte to Osenb., de
to rade plegen to gane, un de solen se dan dar eynes umme
maken. Unde de vorg. broken solen dat beckerampt unde [1]) der
Oldenstad unde de gemeynen beckere up der Nyenstad to
Osenbr. eynes in deme jare, alse des neisten sondages na guden
mandage [2]) tosamende vorteren hovesliken unde vredeliken; unde
alle jare eynes in den jare solen de gemeynen beckere up der
Nyenstad den beckerenampte up der Oldenstad volgen, wanner
se dat van en esschen latet, un so vakene in deme jare alse
den beckeren upper Oldenstad to Osenbr. sake an liggende sind,
de eren ampte ofte jenigen eren gildebroder anrorende sind,
wanner deselven gildemestere up der Oldenstad se dan bidden
latet, so solen se mid den gemeynen beckeren up der Nyenstad
to en komen. Were ok dat dan jenich van den beckeren up
der Nyenstad dan van krancheit eder van anderer notsake dar
dan nicht by komen en konde, de moge orloves bidden van den
gildemesteren up der Nyenstad vorg. Id en were dat men mid
em dan dar sunderlinges wat to sakene hedde, dem en solden
se nyn orlof geven, utgesproken kentlike notsake sunder argelist.
Were ok dat de gemeynen beckere up de Nyenstad vorg. eder
erer jenich to sakende hadde vor rad eder vor gerichte bynnen
Osenb., dar se der Oldenstedere beckere to behoveden, so moge
de gildemestere up der Nyenstad gan by de gildemestere up der
Oldenstad unde openbaren en de sake, unde dar solen de gilde-
mestere up der Olden mede by gan unde laten dar mede by
vorboden ere gildebrodere all ofte eyn del, dar na dat en dan
des duncket not wesen, na legenicheit der sake. Unde ok alle
zede unde wonheit der beckerampte up der Oldenstad solen de
gemeyne beckere up der Nyenstad volgen, bewaren unde holden
gelik en unde eren gildebroderen selven sunder argelist, up dat
vrede unde eyndracht tusschen en to beiden zyden blive to
ewigen tyden; utgesproken desse nagescr. articule: Alse dat de
Nyenstedere becker gildebrodere entfan mogen buten den beckeren
up der Oldenstad, alse se aldus lange gedan hebbet, unde oft
schellinge eder uplop schege tusschen den beckeren up der
Nyenstad, he were sulffeshere eder knecht, dar nyn becker eder
beckerknecht up der Oldenstad mede to sakende hadde, dat
mogen se richten up der Nyenstad; unde ok dat de beckere up

der Nyenstad den gildebroderen up der Oldenstad, wen se dot
sind, nicht to grave noch to beghencnysse dorven volgen; des
glikes en dorven ok de Oldenstedere beckere nyne volge don den
beckeren up der Nyenstad to grave noch to beghencnysse sunder
argelist. Ok sind dar vor uns gekomen in der selven tyd alse
in gerichte Gerd de Vos unde Johan Scheling gildemestere der
becker up der Oldenstad alse van eres amptes wegene up eyne
zyd unde Johan Witteholle unde Johan Hakeman gildemestere
der becker up der Nyenstad to Osenb. alse van derselven becker
wegene up de anderen zyd unde leveden unde vulbordeden erer
yewelik van eres amptes wegene alle desse vorgescr. schedinge
in aller wise alse vorscr. is. Hyr weren an unde over: Gerd
Muchorst, Brun Hasedik, Herman Bilevelt, Arnd van Essene,
Everd de Smed, Herman Dinclage, Herman Lendvord, Ludeke
Brutschat unde ander guder lude genoch. In premissorum testi-
monium sigillum nostrum presentibus est appensum. Datum anno
Domini M⁰CCCC⁰ tercio decimo, feria quinta proxima ante do-
minicam palmarum.

¹) ſtat van. -- ²) Montag nach Trinitatis, f. Mitth. XIV, S. 397.

Vom Siegel ein Reſt mit dem unteren Theile des Schildes.

## 26. — 1414, Juli 25.

Bürgermeiſter und Rath beſtimmen, daß die Bäcker Frembe,
welche Brod nach Osnabrück zum Verkaufe bringen, ohne
Genehmigung des Raths nicht pfänden dürfen.

Stadtbuch S. 75.

Wy borghermestere unde rad des stades to Osenbr. enkennet,
dat wy na rade unzer wysheyt unde myt vulbort unzer gemeyn-
heyt zint overdregen unde overkomen, dat de bekere, de bynnen
Osenbr. wonachtich zind, nyne vromde lude, de brot to Osenbr.
brynget vele, bezetten eder bekummern zolen, ze ne don dat
myt vulbort der borghermesters unde des rades. Datum anno
Domini M⁰ Quadringentesimo quartodecimo in die beati Jacobi
apostoli.

**27. — 1416.**

Beschluß der 11 Aemter, daß Niemand aus den Aemtern eine mit Makel an der Geburt behaftete oder übel berüch= tigte Person heirathen soll.

Gleichzeitige Niederschrift in der Lade des Bachamts. Druck: Friderici=Stüve, Geschichte der Stadt II, Nr. 132, S. 176.

Umme tucht, ere unde redelicheyt unde umme vortganck aller guden vorsamenynge in dogeden ungeschulden syn wy ghemeynen gildemestere aller ampte to Osenbrugge myt vulbort unde na vorsichtigem rade alle unser gildebrodere gensliken overdregen unde eyndrechtliken overkomen in dem yare, do men screff dusent veirhundert yar in dem sesteynden yare, unde hebbet gesatet in ewige zate, dat nemant van dessen nagescr. luden in nyn ampt to Osenbrugge zal to echte ghenomen werden, alze papenkindere, wanbordige kindere, de van luden, de in echtscop verbunden synt, buten der echtscop ghetelet unde gewunnen werden, ock de ghenne, de papen amyen synt eder ghewesen hebbet, unde alle lude, de beruchtet synt myt zodanen geruchte, des se myt rechte nicht wederdegedingen kunnen. Were aver dat yemant in yenigem ampte to Osenbrugge sittende myt welken van dessen vorgen. luden in echtscop unwetende sick vorenigede, de persone, de so in eyn ampt queme, de ensolde myt dem ampte noch myt des amptes geselscop nicht to zakende hebben, unde der sulven echten lude kindere zolden dat ampt wynnen, offt se dar yn wolden, gelych den ghennen de in dem ampte nicht geboren weren. Were ock, dat yemant uthe den vorg. ampten myt welken van dessen vorg. luden vorenigede wetende unde myt unhorsame, de solde dat boven desse vorg. articule vor- beteren den ghemeynen gildemesteren van allen ampten to Osenbrugge. Were ock dat yenich beruchtet man in welken ampte to Osenbr. wetende eder unwetende to gildemestere ge- koren worde myt zodanem geruchte, des he myt rechte nicht wederdegedingen konde, de enzolde myt en nicht gaen vor eynen gyldemesteren. Unde desse vorg. artikele to ewigen dagen to holdene ane argelist.

## 28. — 1430, Januar 1.

Vom Rathe gesetzte Brobtaxe der Bäcker; gleichzeitig wird
außer den Bäckern jedem, der es will, erlaubt, nach der
Taxe zu backen.

Stadtbuch S. 77.

Wy borgermestere unde raed des stades to Osenbr. enkennet
unde betuget, dat wy na rade unzer wysheit unde mit vulbort unzer
gemenheit umme manichvoldich nud unde bederff unde umme
des gemenen besten willen des zulven stades zind eyns ge-
worden unde overkomen unde hebbet gezatet vor uns unde unze
nacomelynege in dem rade in ener steden zate to ewygen tyden,
dat zo to holdene, zo nagescreven steyt, in desser wize, dat de
beckere, zodane broet alze ze backen vorkopen unde vele hebben
willen up eren vensteren bynnen eder buten eren huzen, zolen
maken, dat yt zy schone unde ghare unde zinen vullen wechte
zo nagescreven steyt. Ton ersten wan en scepel rocgen geldet
twe schill., zo zall de hellincg rocge in wechte unde in swere
hebben dre verdel van enen punde; wanner dat yt geldet
XVIII ₰, zo zall de hellincg rocge in wechte unde swere hebben
eyn pund; alze dat geldet XII ₰, zo zal de hellincg rocge
hebben anderhalff punt; wanner dat yt geldet achte [1]) pennincge,
zo zal de rocge in wechte unde swere hebben twe pund, unde
zal yo ghare unde reyne wezen, zo vorg. ys; unde wan dat
scepel rocgen van twen schill. dale wart affsleyt enen pennincg
wente to achte pennyncgen, zo vakene alze dat vallet, zal de
hellincg rocge yo tor tyd enes lodes swarer wezen, unde zo
vakene dat weder up stiget, wente to twen schill., zo zal de
hellincg rocgen eyn loet affslan. Were ok we buten oder bynnen
Osenbr. wonachtich, de uppe de wechte backen wolde, de mach
dat an namen unde na der wechte, zo vorg. steit, backen zunder
vulbort, tolatyncge eder entfencgnisse der becker ampte unde en
zal myt eren ampte nyn don hebben unde ze ok nyne gewalt
eder gebode over eme, wente dat backampt myt dem vromeden
beckeren dat to gelaten hebbet unde overgheghoven, zamentlike
in yegenwordicheyt des ziltenen rades unde alle der ghener de
to rade horet myt vorberadenem mode. Were nu we de dyt
vorbreke unde in der vorg. wize zo nicht en boke na vorlope,

alze de rocge dan gulde, zo dat de hellincg rocge zodane wechte
nicht en hadde, alze he dan hebben zolde, zo vakene alze dat
schege, zolde he breken XII penninge zunder genade unde
gheven dat pennyncgwart brodes vor dre veryncge van den ven-
steren, de vor den vleschuzen in vortyden dar to gemaket zind.
De ghene, de dar over bevunden worde, dat he dat broet, alle
dar he dan mede gepandet worde, up den ergescrevenen ven-
steren nicht vele en hadde eder vorkoffte, zo vorg. ys, de zolde
breken ene mark pennyncge zunder genade.  Dyt wart hyr in
dyt boeck gescreven in dem jare unzes Heren duzent ver hundert
in dem dertigesten jare up de hilgen hochtyd der besnydincge
unzes Heren.

¹) wanner — achte boppelt geſchrieben.

## 29. — um 1450.

Beſchluß des Schuhmacheramtes, welcher die Verhältniſſe der
Geſellen regelt.

Or. aus der Lade des Schuhmacher-Amts im Muſeum. Druck:
Mittheilungen VII, 200.

Umme tucht, ere unde vortganck unses amptes unde to
unser knechte egenen bederff unde horsamheyt zynd unse gylde-
mestere unde gantze gemeyne ampt eyns geworden unde hebben
oversproken samentlyke unde eyndrechtlyke gesloten alzo, dat
eyn jewelick unser gyldebroder zynen knechten nyne hillige
dage lonen zal unde zynen besten knechte nicht mer lones tor
wekene, dan XXVII ₰, unde dem anderen nicht mere, dan
XVIII ₰,¹) den he vor eynen jungen holden wyl. Dyt loen
mach he zynen knechten na eren werke vormynneren, sunder
nicht enboven geven; unde de twe knechte vorg., hevet he de,
en zal nynen ledertower holden; unde offt desulffte unse gylde-
broder synen jungen in kost neme de en zal nicht mer mogen
off konnen vordeynen, dan achteyn penninge zunder argelyst,
offt he zolde den sulven broke gelden, de hyr in gescreven
steyt; unde men zal nynen knechte mehr dan VI ₰ to wynkope
geven. Wer zacke, dat em jemand geve offt geven leyte jemande
van zyner wegene boven zyn loen offt wynkop, dan vorg. ys,
zunder jenigerleye argelist darto to antwordene, de zal breken
IIII β zunder genade.  Ock en solet de knechte off jungen up

nyne werkeldage spelen gaen, utgesecht to atmals tyden, want
men de knechte to brinckt, unde to guden mandage unde to
vastavende, et en wer dat ze andere redelike zake hadden.
Welck knecht de dyt vorbreke, de zal vor eynen jeweliken dach
geven unsen ampte *I* pund wasses, unn des en zal eyn mester
nicht vorhelen, sunder he zalt den gyldemesteren openbaren;
offt he des nicht endede, so breckt he des amptes broke,
zo vaken als he manigen dach gespelet hefft.

Ok en zal nyn gyldebroder mere den eynen knecht holden
unde eynen jungen, it en were, dat he eynen lerjungen holden
wolde, utgesecht des amptes gyldemester jegenwordich, de mach,
de tyd he gyldemester ys, eyns knechtes mer holden, wer over
zake, dat jument in unsen ampte mer knechte offt jungen helde,
dan vorg. ys, in zynen deynste offt mer lons geve, de zolde
breken eyne tunne beres sunder gnade unde zolde noch den
knecht varen laten.

Ock en zal nemant in unsen ampte den knechten eder jungen
loen loven, eer dan he ene jegenwordich in zynen deynste hevet;
de dar entegen dede, zolde breken des amptes broke. Unde
desse punte stede vast unde unvorbroken to holdene hent tor
tyd unse ampt eyndrechtlyke anders wes eyns worde. Desse
vorg. punte, stucke unde artykele zyn beordelt na zede unde
wonheyt unses amptes wylkore unde dyt zal men lesen twye in
deme jare, want wy unses amptes morgensprake holden.

¹) aus XXVIII durch Rasur des ersten X verbessert.

## 30. — 1453, September 2.

> Die beiden älteren obersten Gildemeister scheiden unter Zu-
> ziehung anderer Schiedsmänner die Schuhmacher und die
> Lohgerber indem sie bestimmen, daß die Schuhmacher nur
> soviel Leder lohen dürfen, als sie zu ihrer Arbeit gebrauchen
> und daß sie kein Leder ungeschwärzt abgeben sollen.
> Druck: Mittheilungen VII, 206.

To wetene, so alss de twe ampte bynamen der loer und
der schomaker to Osenbr. aldusslange wente an datum desser
nottelen under einander hebn twyst und schelinge gehat alss
umme leder to loene unde anders, wo de schelinge geschapen
sy zc. unde dan desulven twe ampte vorg. zodane gebrock (!)

und schelinge vorg. hebn gesat an de twe olderen oversten
gildemestere nu to tiden bynamen Johan Stenhuse und Hinri-
cuse von der Wyck, ze dar umme vruntlike to scheden und dar
to to den vorg. olden twen gildemesteren hebn desulven twe ampte
vorg. by jewelyker zyd gesat und gekorn twe dedinges lüde to
eren gildemesteren, alse bynamen von des locamptes wegen
Volberte den Vryen und Merten Stoppelkalke to ere twe gilde-
mester dessulven loampts als Hermanne Warendorpe und Deppe
de loer unde van des schomakeramptes wegen Hinrike Bruninch
und Johanne Runge ock to eren twen gildemesteren des scho-
makeramptes alse Alberte Polyck und Gerde Dovemane, und zo
hebben de teyn schedeslüde by namen de ver gildemeister und
ver schedeslüde der twyer ampte vorg. mit de twen olderen
gildemestern dallincg up datum desser nottelen nabescr. de vorg.
twe ampte in bywesen und jegenwordicheit alle der gemenen
gildebroder der twyer ampte vorg. leffliken, vruntliken und grunt-
liken, gensliken, deger unn al eyndrechtliken voreniget unn ge-
scheden ume gebreck, twyst unde schelinge tusschen de twe
ampte vorg. zo hyr nagescr. steit: also dat de schomaker in eren
ampte nu mer na dessen vordrage nemande nyn leder loen en
zolen, dan ey[n] itlik to zyner behoff; offte en zal ock nyn loet
leder ungeswertet yemande lenen, verkopen offte geven, utgesecht
it en wer, dat eyn den andere eyn par zyden offte eyn ander
stücke leders geve, aver umme zyner armode willen sunder arge-
list; und wer zake, dat welk schomaker dat vorbreke, dat wetlick
wer de sal sinen broke dar umme liden. Welken scheyt vorg. alle
de gemenen gildebroder der twyer ampte vorg. leveden unn
vulbordeden. Om orkunde dan eyn itlick crer zine dedingeslüde
unn schedeslüde vorg. hir to gemechtiget unn gekorn hebbe,
unn loveden unn wilkoreden vor sick und ere nacomelinge dessen
scheyt, so vorg. iss, an beiden ziden erer eyn deme anderen to
ewigen tiden stede, vast unn unvorbroken to holden unn hyr-
mede zo solen ander zede unde wonheit, unn wes in des stades
boke steit, unverbrocken unn unverandert wesen sunder argelist.
Desser nottelen yss twe, eyn ute der anderen gesneden, gelyck
inneholden, der eyn jewelick ampt van der twen vorg. eyn hevet.
Datum anno Domini M⁰CCCC⁰ quinquagesimo tertio proxima
dominica post festum sancti Aegidii confessoris.

## 31. — 1457.

### Rolle des Krämeramts.

Or. Staats-Archiv. Druck: Mittheilungen VII, S. 186.

In den jaren unses heren Jhesu Christi als men screeff dusent verhundert seven unde vyfftich, sind eyndrechtliken overkomen unde eens geworden de (gilde)mester des kremer-ampts to Osenbrugge myt eren gemenen gildebroderen by der tyd, dat men alle puncte unde articule, zede unde wonheit des (kremer)-amptes solde bescriven, up dat et ewych blyve dem almechtigen Gode (to love) und to eren siner gebenedyeden moder und juncfrowe sancta Maria unde allen (ar)men zelen to troste unde to eren der erbaren stad unde rades to Osenbrugge, wo sick eyn itlick gildebroder, de nu in dem ampte (sy) unde in tokomenen ty.den) in dat vorscreven ampt kommene wert, vor zede unde wonheit des ampts holden zollen to ewygen tyden: in dat eirste zate unde zette wy aldus, zo hyrna bes(creven) steit, unde willet dat to ewigen tyden vor zede unde wonheit geholden hebben.

So wanner und wo vakene wy enen gildebroder in dat vorscreven ampt entfanget, de sal sine vorderen hand leggen up sine borst und loven in guden truwen by siner ere und in eede stad und by siner neringe, desse na bescreven puncte to holdene vor zede und wonheit des kremer-ampts vorscreven.

Item twe sittene gildemestere by der tyd sollen twe gildebrodere kezen, als men de gildemestere kezen sal, dat berve man sin, de sollen up eren besten wan vort veer berve mans kezen sunder eede und de veer sollen ton hilligen sweren, den eet sal en de gildemester staven, de dat wort holt in dem ampte, dat ze willen twe unberochtede berve mans kezen to gildemesteren by al eren vyff synnen und dat nicht to latene umme leeff off umme leet sunder argelist, de deme rade to Osenbrug. unde dessen kremerampte nutte unde gud sin myt alsolken bescheede, welker gildemester eyn jar gildemester gesetten hefft, dat men den dat jar gildemester bliven late, in dem he dem rade to Osenbrug. nutte sy (unde) unsen ampte.

Wy zatet und zettet wellick gildebroder in unsen ampte (ko)ken baken wil, de sal nemen unses ampts veerdel vul zeemes affgestrecken myt veerkanten ho(lten), dar sal men in wegen II

punt (pepers) . . . . . . . . . sal men . . . . ses quarte waters
unde nicht meer, unde nyn gildebro(der) sal mengen, he en hebbe
dor by enen gildebroder wt . . . . . . . . . . zee dat it zo ge-
menget weerde, zo hyr vorgescreven steit; were dat yemand
verbreek, (de sal) dar mede sunder genade (dat kremere ampt
vorbro)ken hebben unde darmede verlustich wesen; ock (sal men
de) ko(ken) nicht hoger [verko]ppen, dan (ze) wegen w . . . . .
(bree)ke, de (sal dem k)remer ampte sunder genade to (broke
geven ene) marck, zo vakene als dat . . . (schut) we[1] (m) (de
zal den gildemesteren) by der tyd ton hillgen zweren, dat he den
enen menge, (gelick den anderen . . . . . . (gescreven) is unde
dat ampt zal hebn II verdel to mettene. (Eynitli)ck gildebroder,
de knappkoken backen wil, de . . . . . . . . . . . . el waters,
by brocke ener marck sunder genade.

W . . . . . . . . . . gildebroder spisekrud . . . . . . . . . .
ort(?)safferans by . . . . en dat he van der hand . . . . . unde
. . . . . . . . sinen hus wer dat . . . . . . . . . . . . . . . . . .
dem ampte sunder genade I marck, und[1] wer wil krud . .
. . . yt krut hefft de sal to . . . . p . . pon II lot . . . safferan.

(Item) als eyn (gildebroder in) dat kremer ampt entfangen
wert, de sal geven vor dat ampt unde des amptes rechticheit
veer unde twintich golden (rinsche gul)ene unde sal mannen und
vrowen enen denst don, de (to den) ampte horen (unde) sal
men geven in dat eirste honre, (dar na) droge vleesch myt
dorslagenen (erwy)ten, dar na y . . . . unde yo by . . . nd . .
(ene quarte wy)nes unde enen yewelicken gildemester malck
eyn halff verdel wyns, dar na gro(ve ko myt sene)pe darna den
braden, dan gelen bry, dan keze unde botteren, weten brot
unde roggenbrot unde gud beer (to der) maltyt unde (sal geven
to) unsen ampte eyn punt wasses[1] unde twe goldene r. gulden
vor den inghanck.

Item de selve gildebroder sal (heb)ben sin harnesch, zo (in
unssen ampte) zedelick is, by namen: krevet unde borst (unde
hansken), schilt unde iseren hoet.

Item stonde ock . . . . . nd over tafel (su)nder der gilde-
(mestere) orloff, des brocke is dre schillinge sunder genade.

Item geve ock einich gildebroder dem (an)deren bose . . .
. . . . . . . eer unde gelymp ginge, dar wy to samenen weren,

welker dat dede, sal enen yeweliken gildebroder vor sinen broc(ke . . . . . . .) pennynge, unde dat sal to des ampts behoff kommen.

Item wer wellick gildebroder de myt den andern (kivede) . . . . . . . . . . ., sin broke is dre schillinge sunder genade unde wer dat buten Osenbrug. des de verh . . . . ., (sin brocke is dem) ampte sunder genade eyn halve marck.

Wy zatet unde zettet, dat eyn yewelick gilde(broder . . . . . . . . . . ampte dar to zee by siner zeelen salicheit unde by brocke ener marck sunder genade, dat he rechte mate unde rechte gewichte hebbe . . . tte de gildemester by der tyt dar to zeen sollen, dat dat recht verwart werde.

Item, als wy unsse (memorien) holden, sal men over taffeln geven, zo hyr na gescreven steit: int eirste h . . . honre gebraden, . . . . . . . . myt . . . . . ge . . . . . . . . ., darna schincken unde ko myt dorslagenen erwyten, darna grove ko mit zennepe, darna de braden, dar na botteren unde keze und by de schottelen I quarte wynes, den gildemesteren malck II quart wyns und gud beer over taffelen.

Wy zatet und zettet, dat wellick gildebroder ene dochter hadde off meer in dem ampte geboren, de des ampts werdich weren, de sollen den ampte illick enen denst don, zo vorscreven is, unde des ampts bruken gelyck den knechten in den vorscreven ampte geboren.

Wy zatet und zettet, also vakene als eyn gildebroder off gildesuster wte unsen kremer-ampte versterfft, dan sal een itlick gildebroder, de dan levendich unde to Osenbrug. is, den doden to grave volgen by sinen brocke; kumpt he, als de clocke geslagen hefft, sin brocke is dre pennynge; kumpt he als men den doden halet, sin brocke is ses pennynge, kumpt he als de dode begraven is, de brocke is negen pennynge; schicket ock de gildemester yemande den doden halen to helpene, de des weygert, sin brocke is dre schillinge sunder genade; welker dan en wech geet, als de dode begraven is sunder orloff, de brocke is dre pennynge.

Als men den doden began sol, de dar dan nicht mede en offerd to dem altar, de brocke is dre pennynge; unde de nicht en offert uppe de span, de brocke is dre pennynge; de dan vort nicht en volget to grave, de brocke is dre pennynge.

Und off wellick gildebroder nicht to Osenbruge en wer, de sal sin offer zenden to den altar unde uppe de span, al by brocke zo vorscreven, unde van de offer uppe de span sal men den boden geven dre pennynge, dat ander sal men geven armen luden.

Unde eyn itlick gildebroder sal warden uppe de ampts lechte unde uppe den boldock, als men dan to grave volgen sal, by brocke; unde nymand en sal enwech gan sunder orloff by sinen brocke.

Ock zate wy unde zetten to ewigen tyden in unsen kremer-ampte to holdene, zo vakene als eyn gildebroder off gildesuster sterfft wt unsen ampte, des neisten sondages darna sollen enne ten Nortorppe manne unde vrowen offeren to dem altar, unde unse gildemestere sollen dar dan to dem altare ene provene bestellen van des ampts gude und dat by brocke, zo vorscreven, dar to de wedewen, de des ampts bruken, und off dat de ver-sumen, sal men ze van des ampts selscup laten, zo lange ze den brocke wt geven, zo vorscreven is, nementlick[1]) XII ₰ de vorscreven.

Ock zate wy unde zetten to ewygen tyden to holdene sunder argelyst unses ampts rente unde gud to bewarne.

Mehrere Zeilen freigelassen.

Ock[1]) zate wy unde zettet to ewigen tyden to holdene, wellick wedewe, de erbar is, mannen wilt, de solt wt geven to des amptes besten twelff goldene rinsche gulden, de nicht in de ampte geboren sin.

Mehrere Zeilen freigelassen.

Ock en sal nymand van unsen gildebroderen off gildesusteren freyt kopen sunder orloff tu(schen wy)nachten und paschen sunder orloff, by brocke dre schillinge van[1]) enen itliken korve offte toppe.

Ock en sal nymand van unsen gildebroderen off gildesusteren verkopen uppe de veerhochtyden, uppe (unser lev)en vrowen dage, up alle hilligen apostole dage unde up alle dubbelde festa unde up alle sondage, dan allene dat (men to) der spise behovet off to der hilligen kercken unde off yemand nodige pappyr off pergame(nt off se)gelwas behov(ede, by brocke ener) marck sunder genade, offte[1]) krancken luden offte zwanger vrowen.

[1]) Das Folgende in kleiner Schrift später nachgetragen.

**32. — 1457, November 28.**

Der Stadtrichter Michael Boning bekundet die Bedingungen, unter welchen Bäcker aus dem Backamte der Neustadt in das der Altstadt und umgekehrt übertreten können.

Or. in der Lade des Back-Amts. Druck: Mittheilungen VII 203.

Wy Micheel Bonynck richter des stades to Osenbr. enkennet unde betuget openbare in dessen breve, dat vor uns gekomen zind in gerichte Johan Stenhus unde Johan van der Hude nu to tiden gildemestere des backamptes up der olden stat to Osenbr. up de eynen, Lubbeke de Becker unde Herman Buckwillekincg nu to tiden gildemestere des backamptes up der nyenstat to Osenbr. up de anderen ziden unde enkanden an beiden ziden, so als lange tyt in eren gemenen ampte van beiden steden vorg. hebbe twist, gebreck unde unwille gewesen, wanner eyn gilde-broder varen wolde van der eynen stad up de anderen to wonende ꝛc., dat ze dar umme samentliken unde eyndrechtliken na rade unde mit willen unde vulborde alle erer gemenen gilde-broders eres amptes van beiden steden vorg. vor sick unde vor alle ere nacomelinge sick hebn vordregen unde gescheden unde eyndrechtliken under sick ghesloten to ewigen tiden, to blivene unde to holdene aldus: Wanner dat eyn vulgildebroder varet van der eynen stat to Osenbr. up de anderen to wonene, de sal geven den gemenen backampte der stat, dar he dan varet, dre marck penninege, alse to Osenbr. ginge unde geve zind, eyne tunnen bers unde twe backharste unde, wan he dat utegeven hebbe, so mach he don gelick anderen gildebroderen, mit dessen underschede, dat nemant mit vorsate sal gildebroder werden up der eynen stat unde dan varen wonen up de anderen stat. Unde ock, dat alle scriffte, breve unde rechticheit, alduslange tusschen beiden ampten vorg. gewesen, hir mede nicht en solen vorandert ofte gekrencket wesen, men gesterket unde in vuller macht bliven sunder argelist. Hyr weren an unde over Johan uppen Orde, Evert Schutte vor tuchlude hir to geeschet unde gebeden. In premissorum testimonium sigillum nostrum presentibus est appensum. Datum anno Domini M⁰CCCC⁰L septimo feria secunda post festum beate Katherine virginis.

Rest des Richtersiegels. (Vergl. Mittheilungen XIV, S. 229 und 231.)

**33. — 1458, Auguſt 23.**

Antwort der Gildemeiſter des Neuſtädter Backamts auf die Klage des Johann Krumacker.

Or. Stadtarchiv VI, E, 85, Concept in der Backamtslade.

An jw vorsichtigen unde ersamen borgermestere unde rad to Osenbr. bringen wy Herman Buckwilkincg unde Gerd Witteholle gildemestere unde vort gemenen gildebrodere des backamptes uppe der nyenstat darsulves unse antworde up ansprake, Johan Krumacker tegen uns vor jw scrifftliken overgeven hefft, scriven unde zeggen dar up unde entegen aldus: Witlick unde war is, dat de beckere to Osenbr. uppe der oldenstat to Osenbr. wonachtich ere backampt hebn unde holden vor eyn egen ampt vor sick, de ere egene gildemestere hebn tytliken, de ok to Osenbr. mede to rade offte tor wysheit gan unde horen, so hebn ock de beckere up der nyenstat to Osenbr. wonachtich ere egene sunderlikes ampt, aldar to backene, unde hebn ere egenen gildemestere, de doch nicht to rade horen, so dat de twe ampte in wise vorg. unde ok nabescreven eyndels gescheden unde twe sunderlikes ampte zind.

Vorder so is eyn vordrach, alse witlick unde war is, under den gildemesteren unde ampten to Osenbr., dat nyn gildebroder offte amptesman nyne twe ampte sal,noch en mach hebn, holden offte waren; alse dan desse twe backampte underschedene ampte sint, so vorg. is, so hebn ze doch umme vredes willen under anderen stucken unde puncten eyn vordrach unde zede unde gewonheit, offt jenich becker were in der oldenstat offte nyenstat bezeten unde sin ampt ovede in der stede jenich, de ute der stede jenich in de anderen stad vore, de en solde unde en mochte in der stad, dar he so in gevaren were, nicht backen, he en geve dem ampte in der stad, dar he dan ingeffaren were, to vorn eyne summe geldes unde anders dede, so dat vordrach holt, unde neme so dar mede ere ampt to backenen uppe unde bynnen erer stad, darmede he dan ok sin ampt uppe der stat, dar he van gevaren was, varffaren hefft.

To andwordene dan Johane Krumakere, so he scrifft, he hebbe twe ampte ynnet unde wunnen, horen wy gerne, wente dar bekennet Johan mede, so id doch ock war is, dat dat backampt up der oldenstat to Osenbr. unde uppe der nyenstat darsulves twe geschedene ampte zind, unde dat men jewelick wynnen moet by zyck, unde zeggen dan vort unde bekennen, dat Johan Krumaker vorg. ton ersten, er he uppe de oldenstat voer unde dat ampt uppe der oldenstat wan, mit uns up der nyenstat gewonet und unse ampt gewunnen hadde unde dat ovede unde mochte des uppe der stat mit uns unde alle unser rechticheit gebruken hebn gelick jenigen anderen unsen gildebroderen; hadde er dar bliven wonende, onen do he van der nyenstat voer in de oldenstat unde wan dar dat ampt unde ovede dat, so hadde he dat ampt uppe der nyenstat vorffaren unde was des vorlustlich geworden na vordrage, zeden unde gewonheiden vorg.

Vorder, alse he scrifft, wy solen eme geweltliken entholden unde nyne tostadinge unses amptes willen doen eme to smaheit, vort van vorbodinge, denste, wingelde unde anderen amptes rechte ꝛc. seggen wy weder, wy en staen eme nynes amptes offte amptes rechticheit to uppe der nyenstat; men, do he van der oldenstat was weder gevaren uppe de nyenstat, hadde he willen don unde uns geboden na vordrage vorg. unde alse geborlik is, wolden wy eme gerne gedan hebn, so sick gebort hadde.

Vorder, alse he scrifft, he zy gewarnet van unser wegene, dar umme noet ene gedrungen hebbe van Osenbr. to varene ꝛc., seggen wy weder, wy en hebn siner nicht warnen laten, wy en hadn ock ne willen, eme ichteswes mit unrechte an to kerene; hefft ene we gewarnet, den spreke he an unde besee, war dat herkome, so sal men wal vinden, dat he mit wrevele sunder notsake van unser wegene uns in last, kost unde arbeit to bringen van Osenbr. gevaren is, so ok de wrevel unde anders in siner upgegevenen scrifft claret.

Vorder, alse dan Johan Krumaker in siner scrifft wat roret, wy solen eme sin ampt weder bruken willen laten ꝛc., seggen wy weder vor jw ersamen rade, hebn wy Johanne zeggen laten aldus: duchte Johanne, dat he sick bet behelpen unde generen konde to Osenbr. dan to Hervorde unde begerde unses amptes weder to hebbene, dat he dan by uns queme, wy wolden eme so under ogen gan, dat it jw ersamen rade behagen solde, des en annamede Johan nicht unde vorder toseggendes en stan wy eme nicht to.

Vorder, alse dan Johan scrifft van kunsl, de he gelernt heßt,
unde van kost unde schaden ꝛc., seggen wy gude lere unde
kunst steit nicht to vorgelden, heßt he dar over kost unde schaden
gedan, mach eme leff wesen, men wy en stan eme nynes schaden
to, den wy eme mogen gedan hebn.

Unde wente dan Johan vorg. in wise unde mate, so vorg.
is, zin ampt vorffaren heßt, unde uns doch anders mit wrevele,
homode unde schaden uns gedan unwilliget heßt unde ok vorder
mit zoleken wrevele ute Osenbr. gefaren is, dar he lenck, dan
jar unde dach ute gewonet heßt to Hervorde unde ok sine
borgerscop zo vorffaren heßt, hopen wy unde getruwen deme
rechten, Johan hebbe sin ampt voir unde ok nu na vorffaren
unde zy des los unde quyt; unde dat wy eme dar umme offte
ok jeniges schaden wille, he benompt, nicht plichtich sin in deme
rechten unde stellen dat recht ok an jw ersamen raed to Osenbr.,
dar up to zeggen dat recht zy.          ·

Gleichzeitige Vermerke auf der Rückseite: Antworde der becker
upper nyenstat kegen ansprake Krumackers.

In vigilia Bartholomei presentata fuit.

Hyr wart up gesecht van den rade anno ꝛc. LVIII.

**34. — 1463, Januar 8.**

Rathschluß, daß Niemand zum Gildemeister eines Amts
gewählt werden soll, der nicht sein Amt versteht und es
ausgeübt hat, auch sollen die Gildemitglieder, die im Rathe
sitzen oder gesessen haben, nicht Kürgenossen bei der Gilde=
meisterwahl sein.

Stadtbuch S. 65, spätere Abschriften in Abschnitt 36, Nr. 18
des Staatsarchivs, in der Schuhmacherlade und im Buche
des Backamts.

To wetene dat in deme jare unses Heren, als men screff
dusent verhundert dre unde sestich, up den neisten saterdach
na der hilgen dre koninge dage sind wy borgermestere, scepenen
und rad des stades to Osenb. mit vulbort unser wisheit unde
vrunden de mit uns to rade genegen vor dat gemene beste des
stades to Oss. samentliken unde eyndrechtliken sunder yemandes
ynseggen overkomen unde eyns geworden, vestliken gesloten to
ewigen tiden to holdene, dat men nemande bynnen Oss. kesen
en sal ut jenigen ampte vor enen gildemestere, se en sy des

amptes erffarn unde hebbe des gebruket na erkenntnisse borger-
mestere, scepenen unde rades to Oss. unde de mit en to rade
horet sunder argelist. Offt we dar enboven sodannen man vor
enen gildemestere koren oder koren hadn, de solden des dar
mede vorbort hebn, dat ze dan mer nicht en solden in jenigen
koer komen, gildemestere to kesene unde de zo gekorn were,
en solde nyn gildemester wesen, men dat ampt solden weder
to samende gan unde kesen enen anderen gildemester, zo dat
nicht kegen desse sate were. Ock is men dar to vorder eyns
geworden, dat de ghene, de in den rade des stades to Osenbr.
zittet, offte den raed beseten hebn, nicht en solen dar to komen
offte helpen yenigen gildemester to kesen.

**35. — 1463, März 14.**

>Der Rath erläßt mit Zustimmung des Backamts eine Brobt-
>taxe und genehmigt die Einrichtung der Brobtschauer.

>Stadtbuch S. 77, gleichzeitige Abschrift in der Lade des Back-
>amts.

To wetene, dat in deme jare unses Heren, als men screff
dusent verhundert dre unde sestich, up den neisten mandach
na sunte Gregorii dage zind de ersamen borgermestere unde rad
des stades to Oss. mit wetene unde na rade erer wisheit, de mit
en to rade genegen, samentliken unde eyndrechtliken overdregen
unde eyns geworden mit den gildemesteren unde gemenen gilde-
broderen des backamptes to Osenbr. van der oldenstat unde
nyenstat, de dat ok in desser wise nabescreven willichliken
angenamet unde vullbordet hebn, aldus: int erste, wan dat schepel
roggen geldet achte penninge, sal de hellincg rocgge gar unde
reyne in wechte unde zwere hebben anderhalff punt; item
wanner dat scepel rocggen geldet twelff penninge, sal de hellincg
rocgge in zwere unde wechte hebn vyff verdel; item wanner dat
schepel geldet, sesteyn pennincge, sal de helling rocgge in swere
unde wechte hebn eyn punt; item wanner dat scepel geldet
twintich pennincge, sal de hellincg rocgge in swere unde wechte
hebn dre verdel; item bisunderen, wanner dat scepel geldet twe
schillinge, sal de hellincg rocgge in swere unde wechte hebn
eyn halff punt unde twe loet unde to allen tiden yo gar unde
reyne, unde so maningen pennincg to allen tiden dat scepel up

eder aff sleyt, so manige twe loet yo vor enen pennincg de
hellincg rocgge dar vor sal stigen unde vallen; unde, wanner de
molensyse aff queme, sal yewelick hellincg rogge yo twe loet
alle tyt swarer wesen unde aldus to stigene unde to vallene sal
wesen van achte penningen wente twen schillincgen unde wederum
van twen schillingen wente achte penningen; unde up dat dat
broet yo gar unde reyne sy unde desse zate de bet van den
beckeren geholden werde, hefft de raed en to willen de zate
mit den brotschouweren und den broke dar van to nemene
gelaten, dat men dat holde, als men duslange gedan hevet, so
dat rede in des stades boke hir bevorn steit.[1]) Unde wenner de
becker desse zate nicht enhelden, so solen ze weder backen, so
men in vorgangenen jaren eyns geworden was, als dat ok hir
bevorn in des stades boke steit sunder genade; unde wanner
dat scepel roggen boven twe schillinge geldet, so sollen ze backen
na erkenntnisse des rades vor dat gemene beste unde unvor-
derfflick des backamptes.

[1]) Vergl. Nr. 28 v. 1430.

## 36. — 1465.

### Beschluß des Schuhmacheramts über die Lehrjungen.

(Or. in der Lade des Schuhmacher-Amts.) Druck: Mitthei-
lungen VII, 199.

In dem jahre unses Heren, do men schreeff eindusent veer-
hundert viff und sestich, iss unse gantze gemeine ammet over-
komen unde einss geworden, dat nemandt manck unsen gilde-
brödern nenen leerjungen sall tosetten, den he leren will, de
baven sestein jahr alde sy, unde den jungen sall he ersten dene
gildemestern seen laten, ehr he enne sette, unde man sall den
jungen hebben II[1]) jahr in der lehr, unde iss dat sake, dat eme
de junge to willen ist, so mach he den jungen dat negeste halve
jahr na holden, iss dat sake dat he enne begeret; begeret he
dess oick nicht, so iss he dar unbedwungen tho; unde we ditt
vorbreke, de sall unsen ammete geven eine tunnen beers sunder
genade, unde sall den jungen nochtanss varen laten. Desse puncte
unde artikel stede, vaste unvorbroken to holden, so lange dat
unse ammet anders wess eindrechtichliken einss werde.

[1]) Uebergeschrieben: dre s. ebenda S. 76.

**37. — 1471, Mai 15.**

Der Rath bestimmt, nachdem er mit den gemeinen Gilde-
meistern darüber in Uneinigkeit gewesen war, daß die
fremden Kaufleute drei Wochentage an den freien Jahr-
märkten ihre Waaren öffentlich im Einzelverkauf feilbieten,
am vierten aber nur in den Häusern Verkäufe im Großen
machen dürfen.

                    Stadtbuch S. 162.

Alse twydracht unde schelinge is gewesen tusschen uns rade
to Osenbr. an de eynen unde den gemenen gildemesteren der
ampte dar sulves an de anderen siden umme de vryen jarmarkete
mit den vromeden kopluden, uth to stande unde to vorkopene,
so dat wy raed van Osenbr. berichtet weren, dat de vromeden
koplude mochten in den vrien markete tho Osenbr. ver werkel-
dage ute staen unde vorkopen, unde de ampte menden van
oldinges geholden were, men nicht mer dan dre werkeldage ute
staen unde vorkopen solde unde den verden dach in den huse
staen unde zam kopes vorkopen ⁊c. Doch dar umme int leste
umme des besten willen unde eyndrechticheit ock umme bede
willen der ampte in deme jare unses Heren, als men screff dusent
verhundert eyn unde seventich, up den neisten gudensdach na
sunte Servases dage sind wy borgermestere unde rad des stades
to Osenbr. mit unsen vrunden van den olden rade, van den
weren unde van den ampten samentliken unde eyndrechtliken
overkomen unde eyns geworden umme de vrien jarmarkete to
Osenbr. unde ok umme de ver kermisse alse ton Barvoten, ton
Augustineren, ton Nortorppen unde ton Goddesridderen mit den
vromden wantluden, kopluden unde kremeren bynnen Osenbr.
to vorkopene unde to holdene, so hir nagescreven steit: alse
wan de vrien jarmarkete zin bynnen Osenbr. bynamen to heren-
mysse, in den gemenen seende in der vasten unde, wan des
hilgen cruces dach is exaltacionis geheten nyemarket, so mogen
itlikes marketes de vromeden wantlude, koplude unde kremere
bynnen Osenbr. ere market holden, utestan unde vorkopen dre
werkeldage, eyn na den anderen volgende, unde den verden
in den husen stan unde zamkopes vorkopen unde de ver kermisse
mogen ze ok des gelick utestan unde vorkopen, yo eynen dach
to itliker kermisse unde anders nicht.

**38. — 1471, September 20.**

Der Rath giebt den Wollenwebern, eine neue Legge-
ordnung, (Siegelung der Tücher), da die alte lange nicht
mehr ausgeführt worden und das Amt dadurch zurück-
gegangen ist.

Stadtbuch S. 159.

So alse in vortiden van olden herkome de wulners to Osen-
brucgge bynamen twe ere gildemesters unde twe ere schencken by
den tiden van eres amptes wegene alle jar went her to hebn
vor den ersamen rade up der nyenstat to Osenbr. na nyen jar,
wan ze ere gildemestere unde schencken gekorn hadn, eynen
eyd gedan, wo unde in wat wise ze ere besegelden lakene
maken zolden, unde men nu lancge tyt sulke besegelde lakene,
dar ze eren eyd to deden, nicht gemaket enhefft unde to sulken
lakene, als vor dessen vordrage gemaket worden, nyne ede en
schegen, ock nicht besegelt worden, dar umme dat gemene
wullenampt to Osenbr. na eren anbringende, zo ze sick beclage-
den, wal erdens beth, dan nu, hebn neringe gehat, unde, als
dan welke lakene buten Osenbr. eyn deel to Telget, eyn deil
to Schuttorpe, eyn del to Rene, to Bure unde anders gemaket
werden, de snoder unde ergher zin, dan de lakene, de men to
Osenbr. maket, ock eyn del lakene in den sulven wullen-ampte
to Osenbr. maket de besten nicht en zin, de alle manck den
Osenbrucggeschen lakenen vorsteken unde in erer scherme vorkofft
werden. Alsulk dan angeseen, up dat men dan der Osenbrucgge-
schen lakene underscheit wet, unde nicht vorslagen en werden,
ock dat wullenampt to Osenbr. in erer slitinge unde neringe
nicht to achteren en gaen, sind wy borgermester un de raed des
stades to Osenbr. mit unssen frunden, de mit uns to rade gaet,
vormiddest velen anropene unde na begeringe des wullenamptes
to Osenbr. zamentliken unde eyndrechtliken in deme jare unses
Heren, als men screeff dusent verhundert eyn unde seventich,
up den vrigdach zunte Mathei avende mit den sulven gemenen
wullenampte to Osenbr. overkomen unde eyns geworden, eyne
wise unde ordinancien van besegelden lakenen to makene unde
sick dar mede to hebbene in desser wise, so hir nagescreven steit.

Also dat men nu mer in den wullenampte to Osenbr. zal
maken lakene, de men besegelen zal, unde de zolen wesen breed

verundedertich genege van tydiger meywullen, de hir to lande vallet unde vertich ellen lanck, unde de wulle zal wesen, de derdedeil gevarwet unde de twe del roe ungevarwet, unde de verundedertich genege breed sal men scheren itliken ganck by verteyn pypen up gesat, unde de wullen sal men spynnen up den rade unde gelike breet to stane up den touwe, unde beide scheringe unde wevelinge zal wesen van tydiger meywullen so vorgenant is unde dar en sal anders nyn wulle to wesen noch ropewulle, kalkwulle, kymwulle, vreschwulle eder vreschgarn unde nicht, dat untidich sy. Unde wert dat men desser wullen jenich vunde in eynem lakene, dat were dan ropewulle, kalkwulle, kymwulle, vreschwulle oder vreschgarn, ofte dat dat laken ok zo vele genege nicht enhadde, so vorgen. is, so vakene dat bevunden worde, solde men to broke geven dre schillinge unde dat laken solde unbeseghelt bliven unde de ghene, des dat valsche laken dan were, solde allike wal dat vulle zegelgelt utgeven. Unde up dat dan desse lakene aldus to makene so vorgescreven, besorget unde vorwaret werden, hebben wy borgermestere und raed mit vulborde unser frunde vorgescreven eyndrechtliken den wullenampte vorg. overgeven dre segele: bynamen mit den groten zegele zal men besegelen sodane lakene, als vorg. ys, unde mit den luttiken zegele zal men besegelen de hegerlinge unde dat derde segel sal wesen eyn affteken, dar mede zal men besegelen de lakene de van ungelucken versumet unde verwanhodet werden in der molen eder up den ramen, dar en sal men nynen broke van geven, dan allene dat segelgeld: by namen dre penninege; unde vor dat grote segel, de besten lakene to besegelene zal men geven vor itlick segel dre penninege, vor dat luttike segel, de hegerlinge to besegelene, zal men geven vor itlick segel anderhalven penninceg; unde wat van den zegelen komet, sal men leeggen in de bussen unde dat segelgelt sal wesen halff des rades up der oldenstat unde halff des rades up der nyenstat to behoff des gemenen besten, unde ok wat van broken komet unde vallet, dat zal wesen halff des rades ock in de bussen den gemenen besten so vorg is unde halff des amptes vorg. Unde desse segele zolen holden unde truweliken bewaren unde darmede samentliken besegelen de twe gildemestere unde twe schencken des wullenamptes. De zolen

alle jar, wan de gekoren zin, eren eyd doen unde hir to loven
unde zweren vor den rade up der nyenstat, dat de lakene aldus,
so vorg. is, de men besegelen sal, solen gemaket werden
unde anders nyne lakene besegeleń, dan zo vorg. is. Unde
de valsch zin, ock gewraket unde, wat van den segelen
unde ock van broken komet, dat in de bussen horet, in maten
vorg., dat dat gemanet, geboret unde in de bussen gelecht
werde. Unde dat blyg to den segelen sal men betalen van den
segelgelde unde, wan ze eren eyd doet, so vorg. is, solen
ze de bussen mit sick nemen unde de solen tosluten de raed up
der oldenstat unde ock de rad up der nyenstat, malk mit eynem
slotele, unde, wan dan de wulners to nyen jars avende des
morgens de bussen mit dem gelde up dat hus bringen up de nyen-
stat, so sal dan de rad up der oldenstat eren slotel to der bussen
senden up de nyenstat, dat men de bussen upslute unde dat
gelt entwe stryke, so vorg. is. Unde dan sal ock de rad up
der oldenstat senden den rade up der nyenstat twe quarte
lutterdranckes, so dat van oldinges gewesen is. Item en sal
men nu mer mit allen nyne stuven maken van jenigen laken
by pyne unde broke ses schillinge in maten, so vorg. is. Item
sal men nu mer den spydelen geven van eynem wechte
wullen gekrasset to den besten lakenen, dat verdehalff punt
wegen sal, vyff penninge unde eynem wechte wullen to den groven
lakenen, dat hegerlinge heten, zal men den spydelen geven ver
penninge, beholtlick doch den rade, offt den rade duchte mit
den spydelen to luttik were, dat in redelicheit to zettene. Item
offt welk in dem ampte were, de zinen broke offte segelgelt nicht
utgeven wolde, dar wil de rad up der oldenstat eren knecht to
don, den ghenen up der oldenstat wonende dar umme to pen-
dene, unde de rad up der nyenstat eren knecht to doen, den
ghenen up der nyenstat wonende dar umme to pendene. Item
de wulners, de up der oldenstat wonet, solen ynnynge geven
dem rade up der oldenstat, unde de up der nyenstat wonet, solen
ynnynge geven dem rade up der nyenstat.

    Item wan de wulners de bussen up dat hus bringet, so sal
men en geven van den gelde twe schillinge unde wan ze zweret
unde de bussen halet, zo zal men en geven twelff penninge.

**39. — nad 1471.**

Leggeordnung der Wollenweber.

Entwurf (?). Stadtarchiv VI, E. Nr. 87.

Dit is verdrach der wullener.

XL strenge to scherene by XIIII vedemen, zo manych vadem
to luttick, zo manygen pennyncgh to broke; unde de lakene
zolen ze maken van hervestwullen unde van lamwullen unde
negen pund tydiger ropewullen to enen lakene; winterwullen de
twe del, der hervestwullen den derden del to den wevele; wert
dat men desser vorg. wullen mer vunde, dan alzo hyr vorg.
steit, zo zal men van yeweliker wullen zo vakene, alze dat schut
unde dat vynden, to broke VI ₰ gheven.

Item vunde men kallickwulle dar mede, XII ₰ to broke;
kymwolle des gelikes.

Freesch wulle eder vresch gharn des gelikes; desse broke
zal wezen halff des rades, de helfte des ampts. Item van en
yeweliken bezegelden lakene I ₰ in de bussen; de dit wart, de
zolen dat mede in eren ed nemen, dat ze waren de luttiken
laken, dat de nicht valsch en werden, unde van en yeweliken
luttiken laken I hellynch in de bussen; welick de de bussen up
dat hus bryncget, zal men gheven van den gelde II β unde
wan de zwert, zo zall men en gheven XII ₰.

**40. — 1472, Februar 23.**

Die Kramer nehmen den Stadtapotheker Johannes
Hoswinkel in ihr Amt auf.

Or. aus der Lade des Krameramts, jetzt im Staatsarchive.

In nomine Domini amen, anno a nativitate · ejusdem
millesimo quadringentesimo septuagesimo secundo, indictione
quinta, die vero lune vicesima tercia mensis Februarii, que fuit
vigilia Mathie apostoli, hora vesperorum vel quasi, pontificatus
sanctissimi in Christo patris et domini nostri domini Sixti divina
providentia pape quarti anno primo, in mei notarii publici testium-
que infrascriptorum ad hoc specialiter vocatorum et rogatorum
presencia personaliter constituti providi viri Johannes de Seghen,
Bernardus de Selicksche alias dictus Suverlikebernd officii et
gilde seu societatis mercatorum pro tempore gildemagistri vul-
gari vocabulo gildemesters vocati et nominati ex una et magister

Johannes Hoswynckel[1]) apotecarius civitatis Osnaburgensis ex
altera partibus, et iidem Johannes et Bernardus gildemagistri non
vi, dolo, metu nec aliqua sinistra machinacione circumventi, ut
asseruerunt et quilibet eorum asseruit, sed sponte, libere, animo
benedeliberato, ut ex certa eorum scientia palam, publice et per
expressum alta et intelligibili voce pro se et ejusdem gilde, officii
seu societatis mercatorum confratribus et successoribus recogno-
verunt, confessi fuerunt, dixerunt et exposuerunt ac quilibet
eorum recognovit, confessus fuit, dixit et exposuit, quatinus ipsi
prelibatum magistrum Johannem apothecarium ibidem, ut pre-
fertur, presentem, audientem et intelligentem necnon Margaretam
ejus uxorem legitimam unacum filia sua nomine Fenneke de
pleno consensu et voluntate atque commissione ipsis desuper, ut
asseruerunt, per suos confratres et socios gilde et sui officii ante-
dicti factis in et ad supradictorum mercatorum officium, gildam et
seu societatem pro certa pecuniarum summa ipsis gildemagistris
per eundem magistrum Johannem apothecarium realiter et cum
effectu soluta et tradita ac in et ad usum, commodum et utili-
tatem eorundem mercatorum officii, gilde seu societatis exposita
et locata receperunt et acceptarunt, ita et taliter, quod prelibatus
magister Johannes apotecarius et Margareta ejus legitima una
cum filia sua Fenneke antedicta, acsi ipsa Fenneke sua filia in
hujusmodi gilda, officio seu societate mercatorum naturaliter et
legitime (nata) atque genita extitisset, omnibus et singulis privi-
legiis, gratiis, indultis, consuetudinibus atque juribus mercatorum
predictorum, prout ceteri ejusdem gilde, officii seu societatis con-
fratres et socii exnunc et in antea uti, frui et gaudere communiter
et divisim debeant, possint atque valeant. Et nichilominus iidem
gildemagistri ac eorum confratres, socii et successores sepefatum
magistrum Johannem apothecarium ab omnibus et singulis one-
ribus, de quibus per circumspectos et prudentes viros burgima-
gis(trum et) consulatum dicte civitatis Osnaburgensis exoneratus,
relevatus et privilegiatus est et existit, exoneratum, relevatum et
privilegiatum tenebunt, relevabunt et dimittunt, prout promiserunt
et quilibet eorum promisit, exceptis saltem (omnibus) et singulis
oneribus (ex) dicto eorum mercatorum officio et gilda seu so-
cietate incumbentibus vulgariter amptes(dracht) nuncupatis. In
quibus et eorum singulis supradictus magister Johannes apoteca-

rius tamquam ceteri ejusdem officii et (gilde) seu societatis con-
fratres et socii realiter et cum effectu exnunc et inantea obli-
gatus erit et permanebit. Preterea (neque) supradicti gildema-
gistri neque sui confratres, socii et successores gilde, officii et
societatis antedicte supradictum magistrum Johannem apotheca-
rium in perpetuis futuris temporibus in gildemagistrum sui
officii, gilde et seu societatis mercatorum eligere ordinare, facere,
constituere seu deputare non volunt neque debeant quoquomodo
etiam (quocumque?) casu seu necessitate in eorum hujusmodi
officio, gilda seu societate mercatorum incumbente et adveniente.
Et tandem iidem Johannes et Bernardus gilde magistri antedicte
pro omnium et singulorum premissorum corroboracione in ma-
nibus mei notarii publici infrascripti tamquam publice et auc-
tentice persone per solempnem stipulacionem vice et nomine
omnium et singulorum, quorum interest, intererit aut interesse
poterit, quomodolibet in futurum intervenientem promiserunt et
quilibet eorum promisit pro se et confratribus suis ejusdem gilde
et officii mercatorum successoribus omnia et singula in presenti
publico instrumento contenta rata, grata et firma perpetuo ob-
servare, tenere et habere velle atque debere, nec unquam contra
premissa vel eorum aliquid facere vel venire quovis quesito,
ingenio vel colore, omnibus et singulis exceptionibus doli mali et
fraudis in premissis et quolibet premissorum postpositis pariter
et semotis. Super quibus omnibus et singulis premissis supra-
dicti hinc inde principales pecierunt et quilibet eorum peciit sibi a
me notario publico infrascripto unum vel plura publicum seu
publica fieri instrumentum et instrumenta. Acta fuerunt hec
Osnaburgis in cimiterio ecclesie Osnaburgensis sub tylia ibidem;
sub anno, indictione, die, mense, hora et pontificatu quibus
supra; presentibus ibidem providis viris Johanne Dume et Ever-
hardo Kock, coco ad Augustinenses, civibus Osnaburgensibus testi-
bus ad premissa vocatis specialiter et rogatis.

( Notariats-  )   Beglaubigt hat: Johannes Hagen de Lenep clericus
( zeichen.    )   Coloniensis diocesis publicus sacra imperiali auc-
                  toritate notarius.

¹) War 1456 als Stadtapotheker angenommen worden.

**41. — 1472, September 2.**

Der Rath bestimmt, daß die Fleischer nicht mehr zu zweien
oder dreien zusammen schlachten und verkaufen sollen, sondern
jeder für sich; angehängt sind Vorschriften für die Fleisch=
beschauer und die Bestimmung, daß im Sommer das Fleisch,
welches an einem Markttage übrig bleibt, am nächsten nicht
mehr in den Scharren zu Verkauf gebracht werden darf.

Stadtbuch S. 161.   Druck: Mittheilungen VII 194.

Alse vake unde vele clage is gewesen to Osenbr. van vlessche
in den knokenhouwer-ampte to vorkopene, dat men menet, so
wal in eren ampte als vor dat gemene gud unde beste nutte sy,
nicht geslagen en werde, so dat twe eder dre myn off mer tor
tyd to samende eyn rind duslange vakene geslagen hebn, dar-
umme men so guden kop in den scharren, als wal behoff were,
nicht hebn enkan. Alsulk dan angesen vor dat gemene beste,
sind wy borgermestere unde raed des stades to Osenbr. mit
unssen frunden, de mit uns to rade gengen, in deme jare unses
Heren, als men screff dusent verhundert twe unde seventich, up
den neisten gudensdach na sunte Egidii dage samentlike unde
eyndrechtlike overkomen unde eyns geworden van de knoken-
houwer-ampte to Osenbr. vorgen., dat eyn itlick gildebroder in
den vorgen. ampte nu mer na dessen vordrage sal allene in den
scharnen slan unde vorkopen yo tor tyt eyn egen rind, twe, dre,
ver myn oder mer, dat nicht wandelbar, sunder geve unde gud
sy, to siner egenen behoff up watte dach eder wo vele he kan
eder wil, dar nemant anders van jenigen gildebroderen mede-
handelinge, anwachtinge, hut eder vordrach mede offte dar an
hebn en sal, sunder wat, wo vele eder wo vakene eyn gilde-
broder slan kan unde wil, mach he doen unde sal allene to sinen
besten wesen, so vorgen. is sunder argelist. Unde offt hir enboven
jenich gildebroder mit jemande sinen medegildebroderen jenich
vordrach makede an den slane unde dit, so vorgescreven is, vor-
breke, unde darover bevunden worde kentlike, de en solde
bynnen eynen den neisten jar dar na nicht in den scharnen
slaen eder vlesch vorkopen; unde dat solen melden de gilde-
mesters by der tyt in den ampte vorg. unde desulven gilde-
mestere in den knokenhouwer-ampte solen dit alle jar, wan se to
gildemesteren gekorn sint, vor dem borgermestere unde rade by der

tyt ton hilgen sweren, dit aldus in eren ampte to holdene unde to
meldene, so vorg. is. Unde dit ok aldus to holdene in den
knokenhonwer-ampte up der nyenstat, dat ok de gildemestere dar
solen sweren vor dem rade up der nyenstat, in erem ampte dit
to holdene unde to meldene up gelik der oldenstat, so vorg. is.

Darunter in gleichzeitiger Schrift:

De vynnenkykere in den knokenhouwere-ampte gesat werden,
sollen alle jar ten hilligen sweren, dat se beseen unde vorwaren,
dat in der scharnen to Osenbr. nyn vlesch vorkoft werde, dat
wandelbar unde nicht geve en sy, unde wat van vlessche over-
blivet des sundages, dat men dat des dinxedages dar na nicht
en sal weder in der scharnen verkopen, noch dat des dinxedages
overblift, des donderdages verkopen, noch dat des donderdages
overblift, dat des sondages verkopen, dar mede so to holdende
van meydage went Michael.

**42. — 1473, April 27.**

Eib des städtischen Leinwandmessers Hermann Blome.
Stadtbuch S. 162.

Anno 2c. LXX tercio des dinxedages na quasi modo geniti
wart Hermanne Blomen des stades elle bevolen lewand to me-
tene, in de bussen to leeggene, wes dar in horet, so swoer he
desse nagescrevene puncte mede to holdene:

Ton ersten dat he dat ergeste buten leeggen sal; item nyne
twe stucke in eyn to leeggene, dat he tekene; item [1]) dat he
nyn vromet lewant tekenen zole; item dat he nyn lewand umme
leeggen sole, dat eyns getekent is; item sal he den stock by
der eynen zyd tekenen nicht achter ruegge; item sal he de ende
des lewandes besegelen; item nyn lewant leeggen unde tekenen,
dat nyn kopmansgud en sy, unde [1]) dat ock nicht en tekenen;
item sal he dat lewand meten by der kortesten zyd; item en
sal he nemandes koep zetten; item sal he den kopmanne gelike
wal gewegen wesen unde ok nemande vor, den anderen na
wisen; item wes he des dages vordenet van lewant leeggene.
dat in des stades bussen horet, dat sal he to des stades behoff
des avendes in de bussen leggen, unde nicht tosamende komen
laten, tor [2]) stundt als idt entfengt in dat block leggen, oick aller
leinnwandt und garens to kopen und to verkopen sich gentzlich
entholden.

Gleichzeitige Ueberschrift: juramentum des lakenmeters.
¹) Diese Bestimmung ist nachher durch untergesetzte Punkte getilgt. --
²) Zusatz des 16. Jahrh.

### 43. — 1473, August 23.

Die Augustiner auf der Neustadt beurkunden die Stiftung
der Eligius¹) = Bruderschaft in ihrem Kloster durch die
Schmiebegesellen.

Or. in der Lade des Schmiebeamtes.

Wy brodere Johannes van Meppen prior, Bernhardus Dal-
kote, Hermannus Colle, Hinricus Nyenborch, Bernhardus van
Nottelen alle lesemesters, Adolfus supprior unde gemenen con-
ventes brodere der eynsedeler-brodere sunte Augustini orden des
closters bynnen Osenbr. up der nyen stat belegen enkennen unde
don kundt in dessen breve vor alsweme openbare betugende,
dat wy samentliken unde eyndrechtliken myt walbedachten vor-
beradenen mode in unsen capittelhuse sunderlinx to desser na-
gescr. sake vorsammelt unde gelecht myt den gemenen smede-
knechten des smedeamptes to Osenbr. bynamen mit Alberte
Kannengeter, Johanne Cappelmanns, Johanne van Rene unde
Johanne Brodesanxte nu to tyden schefferen der gemenen smede-
knechte van wegene unde tobehoff der sulven gemenen knechte
na rade und mit weten, willen unde vulborde Johans Hollanders
des olderen, Ludeken Cappelmans nu to tiden des smedeamptes
gildemesteren und ock Brunes des kopperslegers eren gildebro-
dern und gemenen smedeampte to Osenbr. zind overkomen unde
eyns geworden, de in de ere Godes unde sunte Loyen ange-
haven, upgenomen unde begunnen hebn umme trost unde za-
licheit willen erer zelen eyne erlike nye broderscop unde gesel-
scop, geheten sunte Loyen zelscop und de jarlikes in unser
kercken ton Augustineren vorg. to holdene in desser wise unde
mit underschede so hir nagescr. steit: Also dat wy prior unde
gemene convent vorg. unde unse nacomelinge in dem vorg.
unsem clostere bynnen Osenbr. solen unde willen jarlikes to
ewigen tiden eyns in den jare begencknisse und memorien holden
und don alle jar up den neisten sundach na sunte Bartolomeus
dage des avendes mit vigilien und des morgens myt eyner zele-
missen to zingene vor sunte Loyen altare vor de brodern und
zustern levendigen und doden in der vorg. sunte Loyen zelscop und
broderscop. Vortmer so solen und willen wy alle jar up sunte

Loyen dach nementlick des neisten dages na sunte Andreas dage
de morgens tor homysse to ewigen liden vor den belde und
altare sunte Loyen holden unde zingen eyne herlike mysse mit
dyaken unde subdyaken erlike gecledet to der mysse to denene
unde hochtidelike to holdene, up den orgelen to spelende und
vort alle daghe to ewigen tiden bestellen eyne misse to lesene
vor den belde unde altare sunte Loyen in unser kercken vorg.,
wo sick dan to der tyt gebort, vor de brodere unde zustere der
vorg. sunte Loyenzelscop unde broderscop den wy dan der
vorg. mysse und wes dar gudes inne schut delafflich maken und
hir vor in wederstadinge sodaner memorien und gunsten vorg.,
wy und unse nacomelinge unde convent vorg. to ewigen tiden
mede belastet sind, willen de brodere und zustere sunte Loyen
zelscop und broderscop vorg. unde ere nacomelinge uns broderen
sunte Augustinus orden unde bynamen in den vorg. clostere
gunstich, vorderlick unde behulpen wesen to vordegedingene
unde unse beste to donde ock erer alemissen und offer in tyt
der begencknisse vorg. to brengene, wes en dan Got unde sunte
Loye ingevene werdet, unde offt welk der brodern und sustern
der vorg. sunte Loyen zelscop und broderscop ere grafft mit
uns begerden, geven wy unse orloff unde vulbord dar to de mit
uns to gravene unde to begande; unde ock offt welk der zustern
unde brodern vorstorven und mit uns nicht begraven en worden
unde dan allike wal mit uns begerden mit uns to begande, willen
wy unde unse nacomelinge ock willich to sin, wan men des be-
gerende is. Alle unde itlike puncte unde articule vorg., de hebn
wy prior unde gemene convent des closters ton Augustineren to
Osenbr. gelovet unde gewilkort unde wilkorn in dessen breve
vor uns unde unse nacomelinge mit underschede so vorg. is, to
ewigen tiden den vorg. gemenen smedeknechten to Osenbr. und
eren nacomelingen stede, vast und unvorbroken to holdene
sunder wedersprake unde ane argelist. Des wy hebn to tuge
der warheit unses conventes segel vor uns und unse nacomelinge
wittlike an dessen bref don hangen. Datum anno Domini
M⁰CCCC⁰ septuagesimo tercio in vigilia beati Bartolomei apostoli.

Reſt des Conventsſiegels an Pergamentſtreifen.

¹) Eligius war der Schußpatron der Schmiede, ſ. auch Schiller-Lübben
unter Loie, ſein Tag war der 1. December.

**43. — 1474, Juni 16.**

Beschluß des Schuhmacheramts über die Rechte der Meister=
wittwen.

(Or. in der Lade des Schuhmacher-Amts). Druck: Mitthei-
lungen VII, S. 166.

In den namen Godes amen. In deme jare unses Heren,
alse men screff dusent verhundert unde veer unde seventich, up
den achteden dach des hilighen sacramentes daghe den almech-
tighen Gode unde syner benedider moder Marien, sunte Crispino
unde Crispiniano unn allen hemelscher here to love unde to
eren, so synt wy gildemesters unde gantse ampt des erliken
amptes der schomaker to Osenbrüghe eyndrechtliken unde sa-
mentliken eyns gheworden un overdreghen dorch noetsake den
vorg. ampte andrepende allen erliken vrowen to love unde troste
de nu in den ampte syn unn des gebruken.

Item int yrste sette wy unn vort dencken to holden, dat
welker vrouwe unses amptes er hushere vorstorve unn wedewe
were, so mach unde sal de vrouwe der genaden bruken unde
vryen eyns up dat ampt unde de knecht ofte man sal vry unde
echte syn myt sodanen unterschede, dat se eren wedewen stat
erliken unde vrome geholden hebbe.

Item ton anderen male sette wy, weer sake en sodane
vrouwe unde wedewe dar nicht by komen en konde unde so
bynnen jares nicht en vryede dorch leve willen eres verstorvenen
husheren un umme de leven van Gode lete, sal de vrouwe des-
halven unvoryaret un unvorlustich syn, in den se erlik blyve.

Item ton derden male sette wy, dat eyn yewelik gildebroder
sal unde mach so vaken vryen up dat amt, alse em dat vallet
unde eine syne husfrowe na den willen Godes aff verstorven is,
so en sal ok dan de gildebroder nene vrouwen eder maghet
nemen de wanbordig ofte unechte sy oder de beslapen sy, de
unse ampt vorg. gebruken sollen.

Item ton verden male, weer sake dat welik vrowe in unsen
ampte unde beruchtighet worde, dat dan strate meere unde
molen meere were, by eres mannes tyden ofte na eres mannes
dode unde dan des gheruchtes vor den gildemesters unde ampte
nicht ton eren antworen enkunde, de sal wesen vorlustich aller
vryheit unde insate unses amptes.

Item ton viften articule sette wy, welik wedewe vryede, so vorg. is, up dat ampt unde de man des amptes werdich is, sal den wyndenst denen na zede un wonheit unses amptes, als dat to voren ghewesen is, und dat doen, war dat den gildemesteren bequemest is unde hebben wilt, unde dar sal de nye gildebroder, de so in unse ampt vorg. kumpt, gelden eynen golden rynsch gulden up de tafelen.

Item ton sesten articule, so sal de denst eyns yeweliken nyen gildebroders wesen unde den vullenkomeliken doen unde denen van veer gherichten, alse myt potharste, na dages tydynghe groet stücket vleisch unde gebraden, kese un botteren unde also vele schones brodes unn weyten brodes, de noet unnde behof is, unde twee Homborger tunne beers so guet, alse man dat to Osenbrugge brouwet un den schefferen behaget.

## 44. — 1477, Januar 17.

Beftimmung bes Rathes über bie Stabtwaage.

Stabtbuch S. 163.

Wy borgermestere unde rad der stad Osenbr. und, de mit uns to rade horet, hebt overtrachtet de nutticheit des gemenen besten, to vormidende unde to verhoden, de bedroch mit gewichten unde ungewrogeden wagen gescheyn mochte, ok to behoff der stad to Osenbr. in profite debeth vortgesat unde geholden mochte werden unde alse dan alduslange nicht so clar, alse wal behoff were gewesen, stetlike zate unde ordinancie dar van is gewesen, hebn wy de olden kunde, de van alsulken saken witlik was, wo men dat in gilden unde ampten unde ok buten gilden van alle manne to holdene plach, gevraget unde dat gelech besunnen, sind dar umme eyndrechtliken overkomen desser nabescreven sate: In deme jar der gebort unsses Heren, als men screff dusent verhundert seven unde seventich, des frigdages na Felicis in Pincis unde zettet in eyne stede vaste zate vor uns unde unsse nacomelinge, dat alle yseren, stael, bly, koper unde metal, wulle, bottere, kese, was, vlas, figen, rosyn unde allet, dat men to wegene plecht, dat men inkofft, sal men bringen up des stades wage unde dar laten wegen unde leveren unde dar affgeven na underschede (alss de tahfel upr wage uthwiset) [1]) so hir nagescreven steit. Doch umme vrede unde ton

besten den ampten unde gilden to Osenbr. hebbe wy overgeven,
dat de kremere mogen utwegen teyn punt samentliken unde dar
beneden unde nicht enboven, sunder kofften ok de kremere
samptgud, wolen dat delen sunder wage mit lotenen, mogen se
don unde de smede, kannengetere, kopperslegere mogen utvor-
kopen mit gevrogeden punden offte knipwagen XX clene punt
unde nicht hoger; wess dar boven were, datt worde dan in eder
utvorkoff, solde men up des stades wage bringen, dar wegen,
leveren unde dar affgeven, so sick geboret. Unde sol de weger
truwe sin in deme wegene den eynen, alse den anderen, also
utwegen, alse he ingewegen hevet (oick de axsise furdern und alles
wage und stedegelt in der stadt kisten leggen) ¹) sunder argelist.

Item sal men to Osenbr. mit nynen knipwagen wegen, de
en sin dan to Osenbr. van unssen mestere, wy dar to zetten,
gemaket mit wroge offte gewroget mit unsses stades rade ge-
tekent, unde de en solen nicht hoger holden noch swarer sin,
sunder also gestellet, men dar nicht mer dan twintich clene punt
moge mede wegen, unde de hokere mogen wegen halve kese
unde stucke, de helen kese unde andere gud, men to wegene
plecht, sal men up des stades wage bringen, also vorg. is, unde
de weger up nyenstad en sal nicht up de vore eder dar aff
wegen, ok nyne botteren, punt keses eder halve punt, sunder
wullen unde anders mach he wegen seventich cleyne punt dar
beneden, wes dar en boven is, sal men alle bringen up de wage
der oldenstad to Osenbr.

Item mogen ze buten Osenbr. wegen, wo swar se willen.

Item hir volget na wes men geven sal up der wage:

Dat hundert wasses to wegene II ₰, dat halve hundert I ₰, dat
verdel wasses I hellincg, wat beneden XII punt is 1 ferinck.

Item eynen syntener kopers offte ketele tennes, blyes unde
potte, al achte punt unde hundert vor eynen zyntener, yo van
eynen itliken zintener II ₰.

Item eyne wage staff ysernes holdet VI stige punt ²) II ₰,
van eyner helen wage in eynen hope II ₰, van eyner halven
wage in eynen hope I ₰, brockes yseren, Leneps yseren XX
punt vor eyn hundert to wegene I hellinck.

Kolsch wage yseren VI stige vor eyne wage to wegene II ₰,

item scheppunt⁴) speckes XV stige vor eyn punt to wegene
VI feringe.

Eyne tunnen botteren vor dat holt XXXVIII punt unde vor
de botteren verteyn stige ⁵) punt to wegene VI feringe, vor de
halven tunnen eynen swaren, dat verdel eynen swaren.

Item eyn punt keses holt XV ⁶) stige, vor eyn punt II swar,
dat halve punt keses I swaren, dat verdel eynen hellincg, unde
wan men kese besunderen weget, to wegene I fer., als dat van
oldes is zedelick gewesen.

Eyn cluwede wullen is achteyn punt, eyn cluwede ungels
is achteyn punt, to wegene I ferinck; eyn punt sypels holt XV
stige, to wegene II swar, dat halve punt I swaren, dat verdel
I hellinck.

Item wes men tor voer wecht to gevene van eynem punt ⁷)
swars I $\mathfrak{z}$, III $\underline{\underline{c}}$ punt ⁴) vor eyn punt to vor.

Item van eynem emmer honiges to metene I $\mathfrak{z}$, item van
eynem halven emmer I hellinck, ein verdel I hellinck, van eynen
korff figen I $\mathfrak{z}$, eyn top resins I hellincg unde van eynen korf re-
sins I $\mathfrak{z}$.

¹) Zusatz des 16. Jahrh., das Folgende (so-steil) ist dann durch unterge-
setzte Punkte getilgt. — ²) Zusatz des 16. Jahrh. — ³) = 120 Pfund. —
⁴) = 300 Pfund. ⁵) = 280 Pfund. — ⁶) = 300 Pfund, also ein Schiffspfund.
— ⁷) ein Schiffspfund.

**46. — um 1480.**

Accisetarif der Stadt.

Stadtbuch S. 182. Gedruckt: Wigand's Archiv I, Stück 4,
S. 16.

Item int erste eyn breet Engels laken to zyse II β.

Amsterdampmessche
Leydessche
Trechtessche
Deestessche
Eckessche lakene
} dat stucke IX $\mathfrak{z}$.

Ramundessche
Bommelssche
Weselsche
Nortwikessche
Kirseye
} dat stucke V $\mathfrak{z}$.

Soestessche ⎫  
Hammessche ⎮  
Lippessche ⎮  
Attendersche ⎬ dat stucke V ß.  
Monsterssche ⎮  
Hessessche ⎮  
Warborgessche ⎭  
Item jewelick borzyes ⎫  
Eyn stockbret Engels ⎮  
Eyn zaerdoeck ⎬ dat stucke III ß.  
Eyn Rozenstrater ⎮  
Eyn beyerdoeck ⎭  

Item eyn yewelick pype olyes . . . . . . II β.  
Eyn tunne roveoylyes . . . . . . . . . VI ß.  
Eyn tunne botteren . . . . . . . . . . VI ß.  
Eyn tunne heringes . . . . . . . . . . III ß.  
Eyn tunne zeles offt tranes . . . . . . . VI ß.  
Eyn tunne theres . . . . . . . . . . III ß.  
Eyn tunne pekes . . . . . . . . . . . III ß.  
Eyn vat negenogen . . . . . . . . . . III ß.  
Eyn tunne ungels . . . . . . . . . . VI ß.  
Eyn tunne honiges . . . . . . . . . . VI ß.  
Eyn tunne semes . . . . . . . . . . . VI ß.  
Eyn bleckvath (?) . . . . . . . . . . . IX ß.  
Item eyn yewelick stucke stockvissches . . . XII ß.  
Eyn kreff ¹) rekelinges . . . . . . . . . I bremer.  
Eyn deker leders . . . . . . . . . . VI ß.  
Eyn hundert lenwandes . . . . . . . . VI ß.  
Eyn hundert wasses van der wage . . . . IX ß.  
Eyn korff figen . . . . . . . . . . . II bremer.  
Eyn korff razin . . . . . . . . . . . II bremer.  
Item dat perd beneden teyn rinssche gulden . IIII ß.  
Dat perd boven teyn rinssche gulden . . . VI ß.  
De osse . . . . . . . . . . . . . . II ß.  
De koe . . . . . . . . . . . . . . . II ß.  
Smale rindere alse butte und sterken eyn ye-  
welick . . . . . . . . . . . . . . I ß.  
Eyn swin . . . . . . . . . . . . . I helling.

| | |
|---|---|
| Eyn schaep | I hellincg. |
| Eyn zeghe | I hellincg. |
| Item tyn, koper, blig, yo dat gulden wert | I bremer. |
| Eyn wage yseren | II bremer. |
| Eyn halff wage yseren | I bremer. |
| Eyn meze staels dat·gulden wart | I bremer. |
| Dertich staels | II feringe. |
| Eyn vat Ozemund | IIII bremer. |
| Eyn hundert Lenepes yseren | I hellincg. |
| Dat halve hundert | I ferinck. |
| Dat hundert tal yseren | I hellinck. |
| Dat halve hundert | I ferinck. |
| Dat [halve] dertich stals | II feringe. |
| Dat halve dertich | I ferinck. |
| Eyn molt rekelinges | I bremer. |
| Eyn yewelick laes grone eder droge | II bremer. |
| Eyn tunne beers | I bremer. |

¹) ft. korff (?).

**47. — 1480, November 2.**

Der Rath bestimmt, daß wer vom Wollenweberamt Osna=
brückische Laken nach der Elle verkaufen will, sich auf dem
Rathhause einschreiben und eine jährliche Gebühr von ½ ℳ
zahlen soll; jeder wer diese Gebühr zahlt und sich ein=
schreiben läßt, soll auf den Freimärkten ohne Zahlung von
Standgeld ausstehen dürfen.

Stadtbuch S. 170.

Anno Domini MᵒCCCCᵒLXXXᵒ feria quinta post omnium
sanctorum sind wy borgermestere unde rad overkomen unde
eyns geworden mit den ghenen, de mit uns to rade hort, vor
dat gemene beste, so dat eyn yewelick de in dem wullenampte
to Osenbr. is, de Osenbr. lakene mit der elen utsniden unde
vorkopen wil, sal ale jar in den weken na nyen jar komen vor
unse loenheren unde laten sick inscriven unde geven dan des
jars vor den snede eyne halve mark, sunder wer overs van
eren ample sick nicht late inscriven unde dan allike wal snede,
he were dan ok, we he ¹) were, scroder offte anders, de solde
geven vor den snede twe mark Osenbr. sunder gnade; unde we
sick late inscreven unde vor sinen snede de vorg. halven

marck utgeve, de en sole nyn stede gelt utgeven in den vryen
markeden, anders, se sin dan in ampten eder buten ampten, de
up den olden huse stan, solen malk geven dre schillinge sunder
underscheit.

¹) von unde bis hier auf Rasur.

**48. — 1480, November 20.**

Scheidung des Rathes zwischen dem Schilderamt und Leder=
schneider=(Riemenschneider=)Amte über Weißleder.
Stadtbuch S. 170. Druck: Mittheilungen VII, S. 208.

Anno Domini M⁰CCCC⁰LXXX⁰ feria secunda post Elisabeth
vidue sind vor uns borgermestere unde rade der stad Osenbr.
unde, de mit uns to rade horen, gekomen de gildemestere und
dat schilder-ampt up de eynen, unde de gildemestere unde dat
remensnider-ampt up de anderen syden, unde alse ere gebrecke
unde schelinge vor uns leten vortellen, so dat de schilder und
zedeler willeder gereden unde allunden, halteren makeden mit
wervelen unde dar to witleder vorarbeideden in zadelen, remen
und anders, dat de ledersnider menden, sick dat so nicht solde
geboren und in ere ampt rorde und en allene to solde horen;
dar de schilder und zedeler weder up antworden alsulk hadn
ere vorvaren in eren ampte also gehalden unbebispräket, utge-
secht allene, dat se nyn witleder maken unde allunen mochten,
dan dat se under eren messeden vorarbeideden, unde en
mochten anders in nynen stucken witleder vorkopen, dan se
sulves, so vorg. is, in zedelen, tomen, gereiden, halteren,
remen und to erer resscop behoveden, unde erboden sick des
mit eren oldesten eyn beholt mit eren eden up to donde. Dar
wi uns up bereden unde stadeden de vorg. schilder und zedeler,
dat behalt to donde, deme se mit Matheuse Zedeler, Hinrike den
meler upn Campe, Clawese Glasemaker und Hinrike Zedeler
also deden und sworen und behelden dat; dar mede de parte
also gescheden worden und also vorder sal mer gehalden wer-
den. Des in orkunde und in gedechtnisse to blivende hebbe
wy dit in unser stades bock don scriven.

**49. — 1481, Januar 12.**

Der Rath ordnet die Besiegelung (Legge) der Laken der Wollenweber.

Stabtbuch S. 171.

In deme jare unses Heren MCCCCLXXXI° des vrigdages na epiphanie Domini sind wy borgermestere und raid des stades to Osenbr. overkomen und eyns geworden mit den ghenen, de mit uns to rade horet, vor dat gemene beste, dat eyn itlick wulner in den wullenampte to Osenbr. lakene makene wil, wan de lakene maket sind, sal bringen an de gildemestere offte schencken, de to den lakenen unde segelen gesworen hebt, de na insate to bezeende; de lakene dan nicht werdich gefunden to besegelene sunder wederworpen, unde dar umme brockafftich gefunden worden, geven sal dre schillinge sunder gnade, alse dat alduslange is geholden; sunder alse uns und deme ampte des lancksem unde bewilen nyn betalinge en geschack, zette wy vor uns und unse nacomelinge, dat de gildemestere und schencken des sulven wullenamptes den broke solen manen, den de also gebroken hadde, sal utgeven und betalen bynnen verteynnacht dar na, wanner men ene gewroget hefft; und offt de broke nicht bynnen verteynnacht, so vorg. is, betalt en worde, so en solde de ghene, de den broke so enthelde, bynnen eynen jare nyne Osenbr. lakene to Osenbr. maken und allike wal sinen broke utgeven, er he weder lakene makede. Ok offt yemant van den wullenampte welke Osenbr. lakene vorstilkede, de nicht vorenbrachte, den yenen dar to gesath werden, to bezeende, offt de lakene besegels wert wern offte to wrakene geborde unde broke dar affhorde, so verkofft unde gesloten worden, de dat dede, en sal ok bynnen deme neisten tokomenen eynen jare nyne lakene to Osenbr. maken; dit so vorg. is, solen melden und nazeggen de gildemestere unde schencken bi der tyt des vullenamptes (!) und den borgermestere to Osenbr. openbaren unde dat alle jar, wanner de rait up der nyenstad to Osenbr. den gildemesteren eder schencken de bussen bevelet und leth sweren eren ingesatten bescrevenen eed, dan solen ok de sulven gildemestere eder schencken dit also to holdene mede in ere ede nemen.

Item alse de hegerlinge in vortyden allene grauw und wyt

und in erer mate smaler, dan de anderen lakenen, de men to
besegelen plecht, und noch van snoderer wullen und garne ge-
maket werden, sind wy nu waraffigen erynnet, dat sominge wulner
de hegerlinge, de men nicht to besegelen plecht, dann allene
mit den cleynen zegele tekent, brun varwet unde breder maket
dan in vortyden plach to wesende, also bedrochliken verkopen
de hegerlinge vor andere gude lakene, de up besegelen gemaket
werdet, sind wy ok eyns geworden und zettet vor dat gemene
beste, dat nemant hegerlinge anders dan grauw unde wyt und
na der olden brede maken en sal, we dar boven brockick worde,
en solde bynnen eynen jare dan erst volgende nyne lakene to
Osenbr. maken unde dar to to broke geven eyne mark sunder
gnade, er he weder lakene makede.

Item dat segelgelt solen boren de gildemestere unde schencken
des wullenamptes, er se de lakene besegelt weder van sick don,
sunder argelist.

## 50. — 1481, September 27.

Brodtare.

Stadtbuch S. 76. Entsprechende tabellarische Notiz hinter
dem Concept der Urkunde Nr. 52 von 1482, August 30.
(Stadtarchiv VI, E. 89).

Item vorder hebbe wy borgermestere unde raid gesatet vor
dat gemene beste mit den ghenen, de mit uns to raide horet,
in dem jare eyn und achtentich des donrstages vor sunte Michael
dage, so wanner dat scepel roggen geldet II β, sal de hellincg
rogge swar sin XVIII lot, so dat de andere zate inholt; wanner
dat scepel roggen geldet XXVI ₰, sal de hellincg rogge swar
sin XVII lot, wanner dat scepel roggen geldet XXVIII ₰, sal
de hellincg rogge swar sin XVI lot; wanner de scepel roggen
geldet III β, sal de hellincg rogge swar sin XV lot; wanner
dat scepel roggen geldet III β III ₰, sal de hellincg rogge
swar sin XIIII lot; III β, XII lot; III β III ₰, XI lot, IIII β,
X lot und alwege yo gar und reyne de hellincg rogge sal
wesen.

## 51. — 1482, August 2.

Der Rath erhöht die Strafgelder der Bäcker.

Stadtbuch S. 76 nach dem Statut von 1481, 27./9.

Ock hebbe wi borgermestere und raid unde alle, de mit

uns to raide hort, samentlike unde eyndrechtliken overtrachtet dat gemene beste und dat de broke hir vorg. zer clene is, dor dorch to licht und unreyne to backene vorhenget mochte werden, und hebn darumme gesatet, dat to vorhodene in ewiger zate und uns under malkanderen gelovet, des bi eyn to blivende, so vaken eyn becker gefunden wert brockafftich in den puncten vorg., sal to broke geven dre schillinge und de betalen, er he weder backe, den ghenen wi van unssen vrunden dar to schickene werden, und offt eyn drye in eynem jare breke, de sulve solde na dem lesten broke bynnen eynem jare neist volgende, und er he de broke alle betalt hadde, nicht backen sunder argelist und der vorg. broke twe deil solen sin to behoff der stad unde des gemenen besten unde den derden deil solen hebn de dit waren up ere ede. Datum et actum anno Domini M⁰CCCC⁰ octuagesimo secundo, feria sexta post vincula Petri.

**52.** — 1482, **Auguſt 30.**

Aufzeichnung über die Beſchwörung der vorſtehenden Sta=
tuten durch die Bäcker.

Stadtbuch S. 157. Concept unter den Urkunden VI E, 89.

Anno Domini MCCCCLXXX secundo in crastino decollacionis sancti Johannis baptiste synt desse nabescrevenen gyldemestere und beckere van der olden und nyenstat ute dem backampte to Osenbr. up dem rathuse gewesen in yegenwordicheit unser nemeliken borgermestere, rades, oldenrade, den weren und gyldemesteren und hebt gesworen desse ⁻ nabeschreven puncte to holdene: int erste, dat se zollen unde wyllen backen up de zathe und wyse unse vorvaren unde wy in vortyden myt en overkomen synt und doch up den nyenbroke, de wy nu gesat hebt, unde dat se zollen unde wyllen backen, wan se roggen und mell hebn, und dat broit upr vensteren bringen und dar dan vorkopen und anders nergen sunder argelist. De namen der beckere de ere ede gedan hebbt als hyr vorg. ys synt desse: Im Stadtbuch iſt dann leerer Raum für die Namen; bei dem Con-
cepte unter den Urkunden folgt umſeitig die Notiz: Item anno . . . in crastino decollacionis sancte Johan(nis war)en desse beckere upn huse: Herman van Wetter, Johan Stegeman herenbeckere, Detmart Leffardinck, Yossinckhus de beckere, Roleff Honeborch,

Hinrick Everdinck in der Hegerstrate, Hinrick Vrye, Johan Eck-
holt, Brun Streveke, Schurman hernbeckere, Wessel Honeborch,
Gerd Honeborch, Everd Oltinck, Johan Hesse, Jacob Wergesinck,
Johan Hemelrike, Jo. Grotehus in der Loestrate, Diderick Becker,
Herman tor Widen, Herman Bouwmester, Hinrick van Ringelo,
Johan Buck, Gerd Holtmeiger, Johan Kortinck, Schurmans sone,
Jo. Huyelmeiger, Herman Bode, Wessel Vette, Johan Holtmeiger,
Gerd van Buren, Roleff Honeborch de junge, Johan Werges,
Hinrick Kreye, Roleff Stegeman, Herman Everdinck, Oldenbrock,
Borchart de Becker, Diderick Porte, Johan tor Hove, Johan van
d . . ., Leffhart Hoveman, Herman Kock, Hinrick Kocke, Jo.
Stegeman, Krake, Jo. Rolevinck, Jo. Hemelrike, Otto Kokinck;
hinter allen Namen, zuerſt hinter jebem einzelnen, bann hinter je
3, 4 ober 5, ſteht bie Notiz hefft gesworen bez. hebt gesworen.
Dann folgt: Desse hebt gesworen to backen up de sate anno
LXXXVII feria 3ᴬ in profesto beati Petri ad vincula.

Johans Stegeman de junge, Johann Kortinck, Herman Greve,
Johan van Rode, Johan Hardinchus, Wilke van Wetter, Hinrik
Kortinck, Otto Ottynck, Hinr. van Stenfforde, Cord Buck, Dirick
Nyebecker, Dethert Kraeck van den Vorden.

**53. — 1483, December 26.**

Rolle ber Golbſchmiebe.

Stabtbuch S. 174. Drud: Mittheilungen VII 224.

To wetene, dat in deme jare unsses Heren MCCCLXXX
tercio up den neisten frigdagh na sunte Thome apostoli dage
sind wy borgermestere und raid des stades to Osenbrucge mit
unsen vrunden, de mit uns to rade gengen, samenptliken over-
komen und eyndrechtliken overkomen und eyns geworden van
den goltsmedehantwerke und hebn gesat und settet umme
des gemenen besten willen, dar mede in unsser stad geholden
solle werden, so hir nagescreven is. Int eirste dat nemant bynnen
Osenbrugge goltsmedehantwerk en sal arbeyden, he en sy ton
eirsten van uns dar to georlevet und to gelaten und he en
hebbe ock ton eirsten bynnen Osenbrugge offte in anderen lo-
veliken steden uns und unssen nacomelingen anne genoge twe
jar lanck mit eynem goltsmede gedeynet und gearbeidet; ock
en sal he nyn papenkynd noch in wamboirt, alse van luden

de yn der hilligen echte vorbunden weren, geboren sin und we
van uns to der, goltsmede vorsamelinge togelaten wert, de sal
uns to unsses stades gemenen besten twe marck geven und ock
twe marck den ghenen, de dan in der vorsamelinge sind, umme
vortkumpst dersulven vorsamelinge unde sal dan vort loven und
vorwillekoren de puncte unde articule by penen so hir na volget:
Int eirste, dat nyn goltsmet in unsser, stad sal jenich sylver vor-
wercken, dar gebreck anne sy, sunder dat sylver, dat he vor-
wercken wil, sal also gud wesen, alse men dat to Collen, Dorp-
munde und Munster to holdene plecht, also beschedeliken dat
se sollen arbeiden gud wercksylver, de marck uppe viffteyn loit
konyncksylvers, und nicht lyder; ydt worde en gebracht eder
se smeltent sulves und oft erer welk dat sulven smeltede off
branthe kopluden off andern luden, de dat mit sick hen nemen
wolden, und sulk sylver nicht up erer werckstede solde werden
vorarbeidet, dat sal dan de ghene de dat gesmolten off gebrant
hadde, tekenen mit unsses stades unde mit sines sulves tekene,
dar men by bekennen und merken moge, dat yt fyn und gud
sy, und nemant anders sal sylver bernen of smelten, dan de
goltsmede in unsser stad wonende; ock en sal nyn goltsmet
kopperwerck off des gelyken vorsulveren, yt en werde getekent
mit eynem teken, dar dat kopper dor schyne, so dat men clar-
liken erkennen konne dat kopper, up dat dar anne nemant be-
drogen en werde; ock en sal nyn goltsmet van kopperwerke
jenich kleynwerck maken, dar bedroch van komen mach, nichtes
utgescheden; de sulven goltsmede en solen ock nyne ringe van
koppere off van myssinge maken, de se vergulden zollen, noch
ock nyne gulden off ander gelt vorgulden, dar valscheyt ynne
were, ock ensal nyn stycker beslach sulven maken, up dat man
de beth wete, dat nyn quaet sylver vorwerket en werde, unde
oft jemant desse puncte in jenigen deile vorbreke, dat kentlick
were, de solde, dan sunder genade uns to stades gemenen beste
dre marck und den, de dan in der goltsmede vorsamelinge weren,
twe marck Osenbruggschs vorbroken hebn, und in sulke pene
der viff marck vorvallen wesen, de men dan van eme manen mach
sunder argelist; unde up dat dyt, so vorgescreven, bynnen unsser
stat Osenbrugge to ewigen tyden geholden werde, so hebn wy
dat don scriven tor gedechtnisse in unsser stades boyck.

Zuſatz am Rande: (de) ſulſten golt(sm)ede en ſolen (o)k
nicht to (ſi)ck kopen (je)nich to broc(k)en noch un (to) broken
ſyl(v)erwerck (en) gebracht (w)erde, van (ni)mende, dar (je)nige
bigiſſinge an were, dat unrechte mochte gekregen ſin eder ge-
ſtolen, ſunder (ſo)len en ſulk by ſick beholden, ſo lange ſe des
clarlike erfaringe krigen, wal und (r)echt gekregen ſy.

## 54. — 1484 ff.

### Rolle des Schilderamts.

(Or. in der Lade des Schilberamts.) Druck: Mittheilungen
VII, S. 175.

In den namen des Hern amen. In dem jare men screeſſ
MCCCCLXXXIIII, ſynt wy gyldemeſters und gemenen gylde-
broders van den ſchylderampte over gekomen, gelovet und ge-
wylkort vor uns und unſe nakomelinge umme eyndrechtycheit
willen unſes amptes vor eyne gude gewoenheit alle puncte unde
articule, de hyr nageſcreven ſtaet. Int erſte alſo vaken eyn
komet, unſes amptes begert, den ſal men vragen, oſt he ſyn
lere gelt hebbe utegeven unde werdich ſy unſes amptes na inne-
holt und guder gewonte der anderen ampte to Osenbrüge, alzo
da he nyn papenkint en ſy unn ock nicht tüſſchen twen bedden
getelet en ſy unde ſulven nyn hinder en hebbe, dat em hinder-
lick ſy; dyt ſal he alle bewyſen. Dar na ſal men vragen, wat
he arbeyden wyl: malen, beldesnyden, glaswerken, ſadelmaken
eder hammaken, wes en dan belevet van den vyven vorgenompt
eyn . . . . . . he und ſal den ampte geven ſes rynſche golden
gulden offte mer, wo em dat ampt bi ſelten wart, unde moet
knecht weſen wyllich den gyldemeſteren unn ampt, alſo lange
dat eyn nige gildebroder kumpt; ſunder quemen twe gildebroder
in enen jare, ſo ſal de eldeſte dat jar uth knecht weſen; wer
ok zake dat eyn were, de ſadel unn hammaken to hope arbey-
den wolde, de zal dubbelt gelt (utgeven) alwege .rede overgeven.
Item man ſal em ok ſecgen twe denſte to donde, enen den
gyldebroderen alleyne mit ener halven tunne bers, enen ſchinken
unn bacharſt, ſenepvleſch, braden, botteren unn keſe, item den
anderen vulle maltyd den gyldebroderen unde eren vrouwen,
alſe dat ſedelick is. Item wan dyt allet vorg. (geſchen is) tor
noghe geſchen is, ſo ſal de eldeſte gyldemeſter van deme nyen

gyldebroder eschen enen pennyncg, dar mede sal he werven
alle de rechtycheit gelyck enen anderen gildebroder. Ok en sal
men nemant in dat ampt nemen, he en kone syn ammet. Item
wan dyt allet vorgescreven utgeven is, so sal de nye gildebroder
desse unse nottelen, puncte unn articule loven, wylkorn vullen-
komen to holden gelyck anderen gyldebroders unses amptes unde
lesen em dan de puncte, so se hyr nagescr. stat:

Item int erste: so vaken alse wy to hope verbodet werden
by den hogesten broke up enen clockenslach unde stede, enen
ytliken gesecht wert, un upe den clockenslach dar nicht en were,
zal he breken dre schillincge unn de na dem slage queme
achteyn pennincge. Item went men uns vorbodet up enen clocken-
slach by unsen broke, unn nicht en kumpt, sal breken twe
pennincge unn, de na kumpt, enen pennincg. Ok en zal de ene
gildebroder den anderen nyne knechte eder megede under wyn-
nen eder enen anderen to hegen, he en sole ersten sinen gildebroder
vragen offt vragen laten by enen synen medegildebroder, offt se em
ock denst schuldich sy, by broke dre $\beta$ unn geven ene nochtan van
stunt over. Item oft de ene gyldebroder myt enen anderen in
unsen ampte wes to donde hadde, de ene sal den anderen nicht
vorspreken sunder vor ere gyldemesters vorclagen by broke III $\beta$.
Item hadde we in unsen ampte eyn werck angenomen, vordincget
eder vordrach ghemaket, des en sal de andere gyldebroder em
nicht undergan eder uthsteken by broke dren schillincgen unde
sal dat werk van stunden an overgeven. Item zo vaken, alzo
unser eyn enen lereknecht annympt, de sal unsen ampte geven
dre schillincge un eyn punt wasses, wan he achte dage dar bi
is gewesen, lepe he van den werke, so sal et de mester uth-
geven. Item wan wy to hope tert, sal malck sitten gan so he
an dat ampt gekomen is, un hadde zick dan we unhovesch myt
worden, sal breken dre schillincge. Item des amptes knecht zal
den ampte denen by broke dren schillincgen. Item also vaken,
als en uth unsen ampte stervet van broderen un süsteren, so
sal men by den klocken slage wesen up der stede, wy vorbodet
werden, by broken dren $\beta$. Item kinder, knechte un magede
by broken enes $\beta$ und de jüngesten in unsen ampte solen de
doden dregen by broke dren schillincgen. Item, also vaken wy
begencgnisse holden, we dar nicht en is ton offer, breket dre $\beta$.

Ok sint wy ens geworden un overgekomen, dat wy wyllen ene begencknisse al jar holden to den Augustineren na guden man- dage myt ener provenen, dar solen dan man und vrouwen eyn itlick offern enen pennyneg. Ok up sünte Lucas dach to der mysse uns dan holden desglyken, vrouwen unn man offern by broke dren β. Item wan de begencknisse to guden mandage geschen is, solen dan man und vrouwen to·hope eten ene mal- tyd, dar sal men alle jar enen husseren [1]) unn enen scheffer to kesen, de dat eten bestellen to love un to eren sünte Lucas. Item up sünte Lucas dach sal de oldeste gyldemester enen braden bestellen, den de gyldebrodere eten und under andern betalen oft vordel darto soken. Item wan eyn broder eder süster stervet ut unsen ampte, so sal man des negesten mandages darna ene mysse holden vor de sele to den Augustineren myt ener provenen, de de vrende dar bestellen solen, da unses amptes lechte un boldok to denen solen, dar solen man unde vrouwen offeren by broke dren β, se en hebben redelike sake. Ok so solen de twe gyldemesters malk enen slotel hebben un de derde dat schren, dar unses amptes breve unn gelt inne is, umme vrede unde endrechticheyt willen. Vortmer so vro de gylde- mesters up den wyne hebbet gegeten, solen unse gyldemesters rekenscop don, dat sal alle jar schen vor vastavende. Item zo en sal nyn maler anderen lüden ere varwe vormalen eder ere golt vorlecgen. Ok en sal nyn sadelmaker eder hammaker wes maken van enes anderen leder, desgeliken eyn glazewerker nyn gläs eder blyg enen anderen vormaken. Item wan en gildebroder ute unsen ampte stervet, so mach de vrouwe des amptes eyn jar dar na bruken. Item so en hebbet de kinder nicht in deme ampte, utgesecht de sones. Item oft de ene gildebroder in unzen ampte den andern wes over zede, des he myd rechte nicht by bringen en konde, zal unzen ampte geven dre schillincge in broke ꝛc. Item wan wy unse gyldemesters kesen, de kürheren darto solen wesen nicht allene ute den malers eder glasemakers noch van den sadelmakers, wan van em allen, oft man dat so hebben kan ume eyndrechticheyt unses amptes. Item offte eyn van unsen gildebroderen neme ene husfrouwe, de nicht erlik en were na zede der ampte to Osenbrucge, der en sal man nicht vorboden, wen wy to hope etet, wil man se hebben, so sal men se bydden. Item nemant sal naseggen unses amptes achte, also wes gesecht wart in unsen ample, worde dar wer over gevunden myt der war .... de solde lyden den broke, de em to vunden worde. Item were ok welk van unsen gyldebroders, de enen menen eet swoere, dat Got vorbede, de en solde nicht werdich wesen unses amptes. Item dat, we manck uns were, dyt alles vorg. oder eyn deel nicht halden en wolde unde den gyldemesters der broke vorhardede, den sol men vor setten und vragen em, offt he sik wil geven in des amptes genade, wil he des nicht doen, sal men en vorclagen vor den groten gylde- mesters unde vorvolgen ene myt rechte.

¹) ſt. husheren.

## 55. — 1488, Februar 28.

Neue Ordnung der Legge (Besiegelung) der Laken der Wollenweber.

Gleichzeitige Abschrift im Stadtarchiv VI E. 90.

Ime jare na gebort unsses leven Heren Jhesu Christi men screff MCCCCLXXXVIII up deme donderdage na deme sondage invocavit hebn wy borgermestere und raid to Osenbrugge mit den ghenen, mit uns to rade horet, in bywesende der gemenen wulnere to Osenbrugge und mit eren medeweten und willen ingesat und overkomen, dat eyn jewelick wulner, bynnen Osen- brugge wonen und wullen verarbeyden wil, sal loven und lyf- liken ton hilligen sweren, desse nabescreven stede und vast to holdene, de wile he des hantwerckes of ampts bruken will nemenpt- liken wanner eyn wulner laken bringet to besegelene, sal de aldar torstede laten so lange, dat beseen werde, und wat nicht besegelens werdich en were, dar van to brokke ver schillinge geven, und wat besegelt wert, dar van geven viff penninge; ock en sal nyn wulner noch anders we jenich laken walken laten, he enbringe dar by dat teken, darto horet yn de molen, und wanner men sulk teken halet, sal men vort van stunt an ock dat segelgelt utgeven. Und sal numment nu mer yenige stuven maken noch to sines sulves cledinge noch anders yenigerwys. Item en sollen de wulnere nyne beredde unbesegelde laken vor- setten, verkopen of verpanden, de en sind dan ton eirsten be- segelt eder gewraket, de ghene daranne befunden worde entegen

5*

dede, jenige stuven makede eder beredde, unbesegelde lakene
versatte ofte verkofte, solde so vaken vorbrocken hebn und
sunder genade eyne marck utgeven. Item de wulnere, den want-
snede hebben, sollen alle jar vor den snede deme rade to den
gemenen besten der stat Osenbrugge eyne marck geven und,
wanner eyn nye gildebroder in dat wullen ampt to Osenbrugge
komet, sal desse puncte vorg. ock loven und sweren, so de anderen
vorgedan hebt, den de gildemestere by der tyt des ampts melden
und dar to vor uns bringen solen, beholtlick doch unsser vor-
faren sate in den deile unvorandert. Und als de wulnere sick
beclagelen, in ere ampt getastet worde, dardorch en in erer
neringe entginge unde afgekortet worde, wil men en·gerne by-
stant doen, numment in ere ampt tasten sole; we dar over
anne befunden worde, solde so vaken to broke sunder
genade utgeven dre marck, halff to behoff des rads in de bussen
to den gemenen besten unde de anderen helfte den wulneren
ton besten.

Item oft we mit vulborde und willen des rads to Osen-
brugge in den wullen-ampte ofte enbuten kleyne lakene maken
wolde van Rinscher wullen unde mit dem kamme berelh worde,
sal van itliken stucke, der gemaket worde, deme rade to Osen-
brugge to den gemenen besten twelff penninge geven.

Item van den Mellesschen, Ibergesschen unde Bureschen
unde Quakenbruggeschen[1] lakenen to Osenbr. ingebracht wer-
det und verkoft, sal men to zyse geven twelff penninge
de de ghene betalen sal, sulke laken vorg. kofte und entfenge.

[1] Ueber der Zeile nachgetragen.

## 56. — 1489, Mai 6.

Beschluß des Pelzeramts über die Rechte der Wittwen.
(Or. in der Lade des Pelzeramts.) Druck: Mittheilungen VII
167.

In den namen Godes amen. Is to wetenne vor alse weme
openbare to bekennen, dat in dem jare unses Heren, alse men
screeff dusent veerhundert neghene unn achtentich, by tyden
der ersamen Hansse Molners unde Lamberte Bodekers gilde-
mesters des erliken pelser-amptes der stad Osenbrugge synt eyn-
drechtliken, gruntliken und leefliken overghekomen unde eyns

 gheworden myt gantsen willen un vulborde d(es) ghemenen
amptes vorbenompt unde eyn itliken gildebroder bysunderen,
itlike unde alle nabescreven puncte unn stücke beleveden un
vulbordeden sunder wederropent in hande der vorbenompten
gildemesters dorch loff, ere unde nutticheit unde ock ghemene
beste, ere unn aller erliken unberochteden vrowen in eren ampte
vorg., also dat wy gildemesters vorg. unde gantse gemen amptes
gewörden [1]) unn gildebroders vorg. zamentliken unde eyndrecht-
liken inzathen unde setten myt vorbedachten mode unde rypen
synnen tho ewyghen tyden vor uns unde unse nacomelinghen:
wanner eyner erliken vrouwen unde gildesüsteren unses amptes
vorg. ere echte rechte hushere na den willen Godes almechtich
af verstervet, unde dan en sodane wedewe unde naghelatene
husfrowe des verstorvenen er levent erliken holt unn geholden
hevet, unberochtet van yemande myt waraftigen puncten, de
sulfte frowe unde wedewe sal unde mach eyns na eres husheren
dode up dat vorg. ampt hilliken un vryen unde nemen eynen
unberochteden knecht ofte man, de des amptes werdich is, unde
wan dan eyn solk loffwerdich wedewe unde vrowe myt eren
wedergenomenen husheren dit vorg. ampt eyschende wort unde
bruken wil, so vaken unde van weme dat geschuet, de sollen
den gildemesteren dan tor tyt doen eynen wyndenst na zede
unn wonheit, als er kynder des amptes doet. Item wan dat dan
ghescheen is, sollen se doen eynen gemenen denst den gantsen
gemenen ampte myt eyner tunnen beers unde tween bacharsten
dar to so vele broders,[2]) men darto behovet, unde de denst
sal scheen in des oldesten gildemestere huse. Desses alles, als
vorg. steit, hebbe wy gildemesters vorg. unde gantse ghemene
amptes broders in unser gildemesters hant getastet, dat zament-
liken vor uns unde unse nacomelinghe dat stede vast na data
desser rullen to holdenn gelovet sunder argelist; gescr. up datum
vorg. des gudensdag(s) na des hilligen cruces daghe inventionis.

¹) st. geverden. — ²) st. brodes.

## 57. — 1490, October 29.

    Genauere Bestimmung des Rathes über das Recht der
Fremden auf den Freimärkten.

       Stadtbuch S. 162 und 163 am unteren Rande, theilweise
von einer Seite zur anderen hinübergeschrieben.

1491.

Alse unsse vorfaren hebn in vortyden myt eren frunden, to rade horeden, gesatet in den vryen markeden, nemenptliken to herenmisse unde in den gemenen zende yn der vasten jeweliks markede de vromeden wantlude, kremere und andere koplude, bynnen Osenbr. eren market holden, uthstan unde verkopen m(ogen) dre werkeldage eyn na den anderen volgende und den verden in den husen stan und samptkopes und stuv-(en to) verkopen und nicht so klar gesatet en was, wanner sulke dage in den markeden eirst anghan solden, (da)dorch nu somige twygiuge was, sind wy borgermestere und raid des stades to Osenbr. mit unsen frunden, mit uns to rade horet, semenptliken unde eyndrechtliken darumme dalling vrygdage na Symonis et Jude apostolorum in den yare, men screff MCCCCXC, overkomen und eyns geworden, dat nememptlike in den vryen markede to heremisse de eirste marketwerkeldach sal sin de neiste werkeldach na sunte Crispini unde Crispiniani dage und (dar) na de anderen twe werkeldage deme eirsten neist volgende und in de vasten ton zeende in den vryen markede sal sin de sulve dach des zendes de eirste marketdach und dar na de anderen twe werkeldage d(e dem) eirsten dan neist sin volgende und in den beiden markeden myt den verden dage tom samptkope und stuven in den husen to vorkopene to holdende, so unsser vorfaren sate dat utwiset, unde hir mede (to) ewiger sate so vaste unvorbroken to holdende.

**58. — 1491, December 30.**

Vertrag der Schuhmacher mit dem Kloster Gertrudenberg über den Klosterschuhmacher.

Zwei Abschriften des 18. Jahrh. in der Schuhmacherlade.
Druck: Mittheilungen VII, 205.

In dem namen Godes amen. Is to wettene, dat imme jare na gebort unses heren Jhesu Christi, men screff dusent verhundert eyn unde negentich, up avent sunte Silvestri des pawes is tuschen der werdigen unde erberen vrowen, junfferen unde convente up sunte Gertrudisberge vor Osenbrugge belegen an·eyne unde der schomaker ampte to Osenbrugge an de anderen syde umme unwillen, tuschen en sick hadde erhaven, van wegene eynes schomakers upn berge to hebbende besproken, gedege-

dinget unde entliken gesloten overmittest deme erberen Hinrike
van Leden borgermestere to Osenbrugge van wegene des con-
ventes vorg. unde Johans Oldewerelde unde Hermannen Holscher
gildemesteren van wegene des amptes vorg., also dat de vrowe
unde convent off ere vorwarere mogen nu vort mer ewelken
nemen eynen schomaker uth der schomaker ampte to Osen-
brugge vorg., de dat ampt hebbe unde des mit en gebruke, de
den vorg. convente ok eren gesynden unde denste schol klossen
unde, wes se des tho donde hebe, maken moge upm berge vorg.
unde van erer wegene nummende anders; doch also, dat deselven
schomakere vorg. en nicht en solle forder maken, den dat con-
vent junfferen vorg. selves behovet, noch eren gesynde unde
densten vorg. anderes, dan ere schoe, de nu van dem convente
vorg. gelonet unde gegeven werdet, sunder oft dat convent vorg.
(ein?) schoe offt anders wes maken laten wolde, yn menunge
to verkopende unde also to slytende, en sal hir ynne nicht mede
bescheden wesen, noch de schomaker vorg. des sole macht heben
mogen; dessen yn eynem genoge offte wederstat de erber Hin-
rick van Leden dem ampte vorg. negen Osenbrugg. mark pen-
ninge gegeven hefft unde wal vernoget; unde mit dessen under-
scheden weret, desulve schomaker, dat convent vorg. welker
tyt hadder sick darmede nicht vordregen en konde offte dem
convente nicht gedelik en were, mogen se eynen anderen alle
wege uth dem ampte, so vorg. steit, weder yn des stede nemen
unde, den se vor gehad hedden, verlaten; worden ok dat con-
vent unde deselven en schomaker unwillich under malkanderen,
darume solen unde willen des amptes vorg. gildemestere de vorg.
parten gutliken scheden unde van eyn leggen unde weret over,
dat convent vorg. eynen vromeden schomaker unde anders, dan
vorg. is, anneme, dan so sal desse vordrach ungedegedinget sin,
unde dat ampt vorg. weder yn siner rechticheyt stan unde allike
wal de vorg. geborden summe ynne beholden to behoff des
amptes vorg. alle sunder argelist. Unde dessen in ewige gedecht-
nisse unde orkunde der warheyt sind desser nottelen twe, eyns
ludende, eyner hand gescrev., de eyn uth de anderen dorch den
namen Emanuel gesneden derer eyn jewelick part eyn hefft.
Gegeven unde overdregen im jar unde uppe dage vorg., in
bywesende Albertus Pol(mans), Hinricks Aspelans, Hermanns

Donnerberg, Wychmanns Zuren, Brunns Bruning, Johans Gravenkamps, Hinricks Bruning (?) unde anderer gemeynliken uth
dem schomakerampte to Osenbr. vorg.

## 59. — 1491, Januar 25.

Die gemeinen Gilbemeifter ftiften eine Seelmeffenbruberfchaft
bei ben Dominicanern zu Ratrup.[1]

Dr. Stabtarchiv V E, 153. Drud: Mittheilungen VII, S. 165.

In den namen Godes amen. In deme jare unses Heren, alse
men schreef dusent verhundert unde eyn unde negentich, up
den dach sunte Pawels bekeringhe hebben angenomen myt innicheit gheworven de ersamen ghemenen gildemesteren der
erliken stat Osenbrughe, eyne broderschop to holdenne in deme
convente to Norttorpe, so em bestedighet ghegheven unde to
ghelaten is van deme provinciale und oversten des ordens sancti
Dominici des hilligen vaders, vorsegelt mit groter indulgentien,
aflate und vordenste ghegheven unde ok van dem prior und
ghemen convente vorg. bewillet unde befulbordet is, to love
unde to eren des almechtigen Godes, Marien, syner werden hilligesten leven moder unde alle Gods hilgen unde dorch salicheit
aller kristenen selen unde umme eyndrachticheit in guder upsathe des ghemenen besten der stad, borgermesters unde rades
to Osenbrugge, in allen puncten eyndrechtlik to wesene unde
to hebbene.

Item so sollen unde willen alle olde unde nye gildemesters
alle der ampte bynnen Osenbruge eyns des jares begencknisse
to holden to Norttorpe vor alle vorstorvene gildemesters nemptliken des mandages, wan se to hope eten, dat men dan den
convente vorg. wittigen sal: vigilien und selemissen to holden,
dar dan eyn itlik gildemester und broder wesen sal unde eyn
penninck offeren, by broke, alse under den torne III penninge.

Item up der graft und vorstervens eyns itliken gildemesters
to volgenne, war he vorbodet wort, by broke III penninge.

Item wan so eyn gildemester olt eder nye vorstorven is,
den sal syne frowe eder negesten frund begaen laten in den
vorg. convente ton Norttorpe myt eyner provene na older wonheit myt eynem lechte, quarte wynes und semelen ofte myt
eynem redeliken stücke vleisches (und ock syn wy vorbenom-

den gildemesters over eyns gekomen, dat eyn ytlik gildemester
de nyes wart ingekoren und ney setten heft, sal gheven eyn
punt wasses to den lechten mede to betteren.)²)

Item to desser begencknisse to volgen by broke III ℔.

Item we hyr enteghen dede und dit vorg. vorachtede unde
nicht holden wolde, den sal men unvorbodet sitten laten unde
en sal ok synes amptes nicht gebruken, so langhe dat he den
unhorsame vulgedaen hebbe na upsathe alle der gildemesters.

Item so waken alse der gildemester knecht verbodet tor
beghencknisse ton Nortorpe, sal he hebben VI ℔ van den
frunden des ghenen, den men begheyt.³)

Rüdschrift: Notellen der Gat (?) lasen monecke.

¹) 1492 October 27 (in vigilia Symonis et Jude apostolorum) beurfunben
bie Dominifaner ju Ratrup bie Begründung ber Rofenfranz-Bruberschaft bes
Schmiebeamts in ihrer Kirche. Or. in ber Labe bes Schmiebeamts.

²) Das Eingeflammerte auf Rafur später jugefügt. — ³) biefer lehte Ab-
schnitt bon berfelben Hand nachgetragen, wie oben.

## 60. — 1493, September 12.

Scheibung bes Pelzer= unb Riemenschneiber=Amts burch bie
gemeinen Gilbemeister.

Drud: Mittheilungen VII, 203, aus einer Copie bon 1635,
im Riemenschneiberamtsbuch eine hochbeutsch überarbeitete
Abschrift.

In dem namen Godes amen. Is to wetten, dat in dem jare
unseres Heren, als men schreeff dusent veerhundert dre undt
negentich, up den donnersdach na unser l. Frowen gebortsdage
sint to der tidt undt ock lange tidt tovor scheelhaftig gewesen
de ersamen beide ampter der pelsser und remensnider to Osen-
brügge dorch gebreck halven nabeschreven, und dan dorch vor-
eininge undt umme gudes vordrages willen hebben angeshen dat
sulve gebreck de ersamen gemeine gildemeistere der stadt Osen-
brügge, umme twidracht to vormiden, undt dorch beschedenheit
darbi geschicket twe bescheidene ersame gildemeisters nemplich
Herman Holscher van den schomaker-ampte und Hinrik Zedeler
van den schilderampte desse nabeschrevene gebreke to vliene,
also dat dar de ersamen Ebbeke Kremer undt Frederich Klute
gildemester des pelzer-ampts erkenden, bewilleden und vulbor-
deden vor sick und ere nakomelinge mit willen undt weten eres

gemeinen ampts vorg., dat idt[1] remensnider sollen und mogen
kopen binnen Osenbrügge also vele schapefelle, so dan behoven
ton hanschen to voderen, de se dan ock beten und gheren
mogen, ein idtlick, so vele he der behovet, undt erer ein en sal
den andern der nicht verkopen; ock sollen und mogen se binnen
Osenbr. so vele wiltwhare kopen undt gheren, se to den han-
schen to besetten behoven, undt buten Osenbrügge sollen und
mogen se kopen wat felwerck, dat se willen undt wat se mher
kopen, dan se behoven to eren ampte, sollen se den peltzer-
ampte anbeden to kopen umme ere gewerde; willen se dan
nicht, so mogen se dat vorkopen, wor se willen; undt hirentiegen
erkanden de ersamen Johan Roes[2] und Hinrik Hartoge gilde-
meistere des remensniderampts, bewilleden undt vulbordeten vor
sick undt ere nakomelinge mit willen und weten eres gemeinen
amptes vorg. dat idt[3] peltzerampt sollen und mogen kopen
undt vorarbeiden binnen Osenb. also vele houken[4] felle, se to
eren peltzen behoven, undt nichts mher; dan se en sollen nene
buckfelle, rheefelle, zegenfelle, perdefelle oder kalffelle kopen
binnen Osenb., utgesecht so vele kalffelle se to eren peltzen be-
hoven und küssen to gheren, dan buten Osenb. sollen undt
mogen se alle fellwerck kopen und unsen ampte dat ock beden
to kopen umme de gewerde, glick wie en doen sollen und willen,
so vorg. is. Und we hir en baven dede van einen itlicken desser
vorscr. beider amptes gildebroderen, sal breken ein idtlick, so
vaken dat schege, in sin ampt dre β sonder genade; dith allent
von puncten to puncten, als vorscr. steit, lovede und wilkorde
dat eine ampt den andern, vor sick und eren nacomelingen to
ewigen tiden stede, vast undt unvorbrocken to holden ane wedder-
ropinge sonder argelist. In orkunde der warheit hebbe wi twe
nottelen van einer handt doen schriven, itlick ampt eine (to)
hebben dorch den namen Jesus gesneden.

　　Et ego Theodoricus Oldenzaal ut notarius et communis ca-
thedralis scriptor ad hoc requisitus omnia ut supra fieri vidi et
audivi, protestor manu mea propria . Datum ut supra.

[1] bie, in der Uebersetzung. — [2] Röß, bie Uebersetzung. — [3] baß, bie Ueber-
setzung. — [4] Hoeden, bie Uebersetzung.

**61.** — **1496, November 12** (sabbato post festum Martini.)

Das Bäckeramt bewilligt den Vicaren am Dome das Recht,
ihr eigenes Getreide zu Brod für ihren eigenen Gebrauch bei
einem Amtsmitgliede verbacken zu laffen und erhält dafür
ein Capital von 28 ℳ.

Diese nur nach einer späteren Abschrift (Mitth. VII S. 204)
gedruckte Urkunde stimmt fast wörtlich mit Nr. 62 überein. Vertreter der
Domvicare sind: Johan Schollen Licentiat der heiligen Schrift,
Wilhelm Witlinck, Arnd Fabri Werkmeister, Herman Rebelke, Peter
Hilman und Hinrich von Meppen; Vertreter der Bäcker: Henrich
Everdingk, Roleff Honeberg, Hermann Jossingehuß, Roleff Honeberch,
Grim Grotthuß gen. Strevele, Johans Herenbecker, Wessel Honeberch,
Herman Schürman, Herman Baumester; Zeugen: Erdtwin Erdtman,
Hinrich van Leden (Hinrichs Sohn) Bürgermeister, Johan Pente
Rathmann, Schweder Nolden und Herman Hölscher (oberste) Gilde=
meister. Eine Angabe über die Masse des zu backenden Brodes fehlt.

**62.** — **1498, October 15.**

Das Bäckeramt auf der Neustadt bewilligt den Stiftsherren
und allen Präbendirten an St. Johann das Recht, ihr
eigenes Getreide bei einem Gildemitglied zu Brod verbacken
zu laffen und erhält dafür 16 ℳ.

Or. Staats-Archiv. St. Johann.

Wy Hermannus Feyginck richter upper nyenstat to Osenbr.
enkennen und don kunt openbare in dussen breve betugende,
dat vor uns erschenen unde ghekomen synd in gherichte de
werdighen und ersamen heren Arnt Grundick licentiat in de-
cretis deken, her Johann Wacker senior unde Thesaurarius, her
Aleff Kurre cantor, her Albert Backhus canonike van wegene
ers sulffs unde vorder des gemeynen Capittels canoniken unde
beprovent in sunte Johans kercken to Osenbr., an de eyne, Her-
man Everdinck, Otto Kokinck, Johan Dulmen, Hinrick Kokinck,
Johan Stegeman, Dirick Porte, Kersten Krack, Evert Vos, Johan
tor Hove, Baltes Borchard, Dirick Ottinck, Gerd Wittehol, Bernt
Haverbrot, Hinrick Kreye, Gerd Kortinck, olde unde nye gilde-
mesters unde gildebroders des beckerampts upper nyenstat to
Osenbr. unde beyde parte enkanden vor sick unde ere nacome-
lingen, dat eyn gut, oruntlick [1]) overkumpst unde vordrach
tusschen en beyden parten geschen were, also dat de vorg.

gildemester, gemeynen gildebroder und beckerampt vor sick
unde ere nacomelinge van guden wyllen gegunt, gestadet, togc-
laten unde bewyllet hebben ock jegenwordich tolclen undc
bewylleden ewichliken to durende, dat de heren deken,
canonike van den capittel unde beprovent der sulfften
sunte Johans kercken myt eynen ut den vicarien der sulfften
kercken, den se tytlikes dar to kesen unde nomende werdet, alle
tyt so vaken en des not, behoff unde nudich is, eynen becker er
broet to backene uth den becker-ampte nemen unde hebben
mogen, sodane brot to backene van der heren egene koren,
weten unde roggen, alle wekene verteyn roggen unde ver se-
melen to erer egenen tafelen unde nut to brukene; id en werc,
erer welick, myt jemande in kost ginge, den dar dat brot volgen
to laten, ock alsulck brot nynen leggen to vorkopene wyllen noch
en sollen; unde als dan de gemeynen broders des vorg. ampts
menden, alsulck en unde den gemeynen ampte mochte schedelick
wesen, so de canonike unde capittels heren in vortyden den
gildebroderen brot plegen aff to kopen, hebben de vorg. heren,
deken, canonike und capittel dat angesen und nicht gerne solden
hynderlick syn den ampte vorg. eder jemande und hebben dar
umme nicht umme beden, eschen offle van dwange, sunder uth
vriggen wyllen und gunsten umme leyffmodicheyt unde eyndracht
under malckanderen to bewaren, den vorg. gildemesteren unde
beckerampte in wederstadinge, offt dat sulffte ampt dar jenigen
schaden aff hebben mochte, gegeven und vor uns richter vorg. getalt
unde overlevert sesteyn marck Osenbr., de to beleggene to be-
hoff des gemeynen ampts unde dar van to makene eyne marck
geldes jarliker renthe, der to brukene to eres ampts nut unde
besten vor sick unde ere nacomelinge to ewighen tyden, de de
vorg. gildemesters unde ampt vor uns entfengen unde also to
beleggene gelovet hebben, unde den heren deken, canoniken
unde capittels heren sodaner gutliken overgevinge bedankeden
unde loveden, vor sick und eres ampts nacomelinge alsulkes
vorgerorden vordrages unde fruntliken overkumpstes den heren
deken, canoniken unde capittel altyt totostande, bekant to wesene,
stede, vast und unvorbroken to holdene vor sick, ere erven
unde nacomelinge to ewighen tyden sunder jenige indracht,
hynder offt ichtes wes, des men dar entegen bedencken moghe,

gelofliken wal to holdene unde warschop to donde ane argelyst.

Do dyt vorbenompte gutlike vordrach unde overkumpsl geschach, weren by an unde over vor tughe togcesschet unde gebeden de ersamen Ludeleff van Holtorppe borgermester, Johan Vereggede ratman upper nyenslat to Osenbr., Andreas Colner clericus Monasteriensis dioc., Hinricus van Telgete koster to sunte Johanne to Osenbr. In premissorum omnium testimonium sigillum nostrum presentibus est appensum. Datum `anno Domini M⁰CCCC⁰XC⁰ octavo feria secunda post Dionisii.

Siegel anhängenb (vergl. Mittheilungen XIV S. 244).

¹) st. vruntliek.

## 63. — 1499.

Schluß des Schuhmacheramts, daß kein Mitglied Gesellen, die in Wigbolden gelernt haben, annehmen soll, wenn sie nicht 2 Jahre ausgelernt haben, Gesellen, die auf Dörfern gelernt haben, aber überhaupt nicht annehmen soll.

(Or. in ber Labe bes Schuhmacher-Amts). Druck: Mitthei-lungen VII, 199.

In dem jare unses Heren, do men schreff eindusent veerhundert negen und negentich, iss unse ammet eindrechtichlicken einss geworden, dat nen gildebroder en sall nene knechte upsetten, de in wibbolden gelert hebben, se en hebben ersten twe jahr uth geleret sunder argelist; vörder so en sall nemandt nene knechte upsetten, de up dorpern geleret hebben. Wert sake, dat et jemand vorbreke, de solde brecken den sulvesten broke de up, de leerjungen gesatt ist; offte welke knecht were de anders sede, dant gefunden wörde, de en sall binnen Osenbrügge nicht arbeiden; dit vaste und unvorbroken to holden went unse ammet wess eindrechtich eins werden.

## 64. — um 1500?

Beschwerden der gemeinen Gildemeister (?) über Gewerbe-betrieb auf bem Lanbe unb Antworten bes Rathes barauf.

Stabtarchiv VI E. 86. Druck: Mittheilungen VII, S. 160.

Item int erste, dat men neyn want en make eder nyne wantsnyder wesen solen up den dorperen des stichts to Osenbr., dan allene in steden und wibbolden des stichts to Osenbr. vorg.;

unde we in den wibbolden want maken wolde, solde holden de ordinancien und sate der stadt to Osenbr.

Item upt erste punt, dat wy willn bidden unsen heren, he wil gebeden und bestellen laten, dat men neyn want en make, off nicht en snyde, dan up steden vorg., umb bedroch to vorhoden unde syn gnade ok bestellen lathe, dat bynnen den vorg. steden und wibbolden und sloten to holden, als dat to Os. geordent wert.

Item dat nyne kremer, schomaker eder pelser und vort alle ampte en solen syn up den dorperen, dan allene in steden und wibbolden des stichts to Osenbr.

Up dat ander punt myn her gebede, myn[1]) nyn specierie als crut dagelix vorkope, noch leder en loe up den vorg. dorpen unde burscopen ; myt den anderen to holden so van oldes geholden is.

Item dat men nyn molt maken en schole, dat allene in steden unde wibbolden des stichts to Os., uthgesecht we dat to syner egenen nut maken wolde.

Item myt den derden punte myn heren gebede, men nyn molt en make, uthbescheden up steden, dat bruwen to gelaten is, dan als vorg. is. .

Item dat men ok de koplude myt vorender have eder korn solde to markede komen laten unde dat nicht upholden eder vorkop don up den dorperen eder underwegen.

Item myn heren gebede, dat de gene, de up de wege syn myt erer have unde korne to Osenbr. to markede varen, de numment en behinder, ir market to holden, dan so wat we to syner egenen behoff up den wege kopen worde, offt men in den sulven wibbolden unde dorpen, dar se dorvaren werden, sliten wolde.

Item nyne taverenen to wesen up den burscapen, dan allene in den kerckdorperen unde up den rechten gemenen helwegen.

Item myn heren gebeden men mit den puncte holden so vorg. is.

Gleichzeitige Rückschrift: dyt ys de zedel als men begert buten Os. geholden solde mogen werden.

¹) statt men.

## 65. — um 1500.

An die Gildemeister des Schuhamts gerichtete Bitten der
Gesellen, welche ein besonderes Amt für sich wünschen.
(Or. (!) in der Schuhmacherlade.

Gunstyge leven gyldemester und mester. Alle ywer leffte
ys wol bewust, dat wy yn unverdrage stan der broderschop
halven; dessulven synt de gemenen schoknecht ens geworden
kleyn und grot, dat se der broderschop nycht holden en wyll;
darup hebbe wy uns alle beraden dre ofſte fer mal. Vortmer
leven mester so hebben de knechte twe mal mothen broke geven
der broderschop eynen und wen wy dan ock gerne wat hedden,
so kan uns grat werden, dan so kumpt yth ya van den scho-
knechten her und so mochte me yth ya wol by den knechten
laten, we yt yn ander steden gebruck ys; ock leven gyldemesters
so hebbe wy sus lange des yars IIII mal tytlhgelt geven und
ock (us?) brocke, we der yn schaden gekomen yss, und ock
ander brocke, de van slan halven gebrocken synt, und de schollen
bylck yn der schoknechtsbussen syen van Godes weggen to be-
hoff eynens (!) armen frommederen schoknechtes, de mochte van
Gades gekrencket werden, derhalven hebbe wy nycht so vele yn
der bussen, dat men konde vorleggen myt eynen heller; leven
gyldemester und mester so bydde wy, dat gy uns wyllen geven
eyne gerechtigheyt offe (!) eyne ordenynge, also dat wy mochte
to hape komen XIIII dage vor Passche und XIIII dage vor
Mychaelys und dan eyn yder knecht mochte geven II ₰ tho
thyt gelde und up den domhoff tho bryngende und dat sullve
mocht komen yn de busse tho behoff der schoknechte und ock
de alderlud, de bussen tho hebben, und de mesterkapen [1]) de
slottel tho hebbn und ock de mesterknapen des geldes mechtych
tho syn unde des yars rekenschop tho don vor den alderluden
und den gemen schoknechten und eynen mesterknapen tho kesen
up goden mandach; und dan byde wy, dat gy uns wyllen eynen
steden plycht geven up fastelavent und goden mondach de
halven, dat syck de schoknechte tho happe holden; ock bydde
wy, dat gy uns wyllen eyne steden broke geven und setten, der
halven do wy eynen vorram (?): wen syck twe schoknechte rapen
eder slan, dat de mochten geven III β den schoknechten eyns
vor alle; und so syck eyner breke und untuchtych hedde up des

werdes gewelde, dat de mochte geven XVIII ₰; wen eyner ber
vorgotte mer als men myt den fotte bedecken kan, de scholde
geven eyne kane bers, ock de mesterknapen dat steckgelt tho
buren und yn de bussen to leggen. Ock so ys unse boger, dat
wy mochten des yars eyne tune bers bettert werden, wen de
busse dat vormach up goden mandach; ock leven gyldemester
und mester so bydde wy, dat gy uns geven wyllen van der
rente eyne tunne bers, de doch den schomaker ys; ock synt wy
bydden und bogeren, dat der schoknechte boldock mochte vor-
wart werden by den alderman, wen dar eyn knecht yn Godt
vorstorve, dat me en dan mocht mede tho grave bryngen; hyr
ynne doth dat beste, leven gyldemester und mester, und maket
uns hyr eyne mydel uth, dath yth mocht syn vor de mester
unde knechte, wente wy don eynen vorrom na unsen klynen
vorstande.

¹) ſtatt mesterknapen.

# Das Rathsfilber zu Osnabrück.

(Hierzu 3 Tafeln Abbildungen.)

Um einen Beweis von der Leistungsfähigkeit des Osnabrücker Handwerks in früheren Jahrhunderten zu geben, füge ich eine Besprechung des Silbergeschirrs des hiesigen Rathes an, aus welcher sich ergiebt, daß ein großer Theil der noch vorhandenen Schätze, und zwar nicht die schlechtesten Stücke, von hiesigen Meistern gefertigt sind.

## Zur Geschichte des Rathsfilbers.

An älteren Verzeichnissen des Silbergeschirrs ist mir bekannt geworden:

I. 1581 auf dem hinteren Deckel des Stadtbuches (Innenseite):

Anno etc. LXXXI up handtgifften dach hefft de lonher Hans Wildt uth der renthekamern de slöttel gebracht und dem nyen wagemeister Augustin Lothmann darmit togestellet und my notario der stadt Osenbrugk sulverwerck tovorthekenen requirendo bevalen: (1) Den keiser mit synem schwerde, in welchem der keiserinnen scepter affgebraken. — (2) den gulden kopp — (3) dre sulvern kannen mit thornen — (4) Twe sulvern vorguldede becker fast gelich groeth, an deren einem dre bischop Cordes von Retherge, und am andern dre der stadt wapen — (5) viff doppede sulvern stöpe tom deil vorguldet — (6) M. Clauwes Lödings meisterstucke, darenbaven up ein mann mit der hellebarden — (7) dre sulvern schalen mit vorguldedem munden — (8) twe schlechte sulvern schalen — (9) ein vorguldet soeth mit darup geschruvedem glase — (10) sesthein sulvern loppel, von welcher einem doch der stadt wapen vorkomen was — (11) ein slecht sulvern becker mit der goltschmede namen.

II. 1617 auf demselben Blatte, unter I.:

Anno 1617 den 20 9bris consulibus Henrico Nitzio, Dr. Henrico Schradero, quaestore Bernhardo von Bippen ist des rhats silberwerk nochmahlen inventirt und befunden: 1) Vorgenannter kayserbecker (= I, 1) — 2) die drei vorgenannte 3 silberen kanten mit thurmben (= I, 3) — 3) ein gülden kop ohne deckel (= I, 2) — 4) eine silbern kante — 5) drei gleiche silberne bechere, deren einer etwas grosser als die andere — 6) ein gedoppet silbern becher mit einem vergüldeten rande (= I, 5?) — 7) drei silberen schalen (= I, 7) — 8) zwei vergüldete füsse, darauf man glesere schrauben kan (= I, 9²) — 9) vorg. schlechter silbern becher mit nahmen (= I, 11) — 10) ein verguldet becher von 2 bunden — 11) zwei kleine silberne bechere — 12) zwei auswendig allein vergüldete kleine becher mit dekelen — 13) ein gantz vergüldeter stufe von 2 bünden — 14) zwei grosse gleiche stuffen ohne bünde in- und auswendig vergüldet (= I, 4) — 15) Christoffen Delbrüggen meisterstück von 100 ungefehr lot, gantz vergüldet — 16) Jörgen von Langen verehrte gedechtnuss, herlich amelirter (= emaillirter) güldener becher von 2 bünden — 17) 17 silbern leffel (= I, 10).

III. Inventarium des filber Gefchirs anno 1622 d. 8. Januarii.
(A.) ganß vergülbet. Stadtbuch S. 283.

| | | |
|---|---|---|
| (1) Das Kayfergefchir wiegt . . . . . . . . . | 6 ℔ 1¼ viertheill; |
| (2) Das Hauptgewin auß voriges jahrs zu behuff des armenhaußes angeordneter Lotterey, welches von der Wittiben L. Gerhardi Slaphs quondam consulis gelaufft vor 105 thlr. und in Georg von Langens memorien becher substituirt wiegt . . . . . . | 4 ℔ 13 Loht; ¹) |
| (3) Chriftoff Delbrüggen meifterftück . . . . . . . | 3 ℔ 6 Loht; ²) |
| (4) Eine Traube wiegt . . . . . . . . . . . . | 1 ℔ 9 Loht; ³) |
| (5) Ein Gefchir mit fpißigen Knorren wiegt . . . . . | 1 ℔ 19 Loht; ⁴) |
| (6) Ein Ropf vom bobbelt gefchir wiegt . . . . . . | 1 ℔ 22 Loht; ⁵) |
| (7) Ein fpißbecher mit einem Deckel . . . . . . . . | 22 Loht; ⁶) |
| (8) Eine fchraube ober römerfuß . . . . . . . . . | 1 ℔ 13 Loht; ⁷) |
| (9) Noch eine fchraube . . . . . . . . . . . . . | 1 ℔ 10½ Loht; ⁷) |
| (10) Noch zwei gleiche fchrauben wiegen . . . . . . | 1 ℔ 14 Loth; |
| (11) 4 gleichformige Römer jeber von 7 Loht ift . . . . | 28 Loht; ⁸) |
| (12) Zwei alte gleichformige Becher einwenbig weiß wiegen zufamen . . . . . . . . . . . . . . . | 2 ℔ 1 Loht; ⁷) |
| (13) Zwei gleichformige ganß vergülbete trauben oben mitt einer blumen, der jede wiegt 24 Loht ift in fampt . | 1 ℔ 16 Loht; ⁹) |
| (14) Ein ganß vergülbetes pocalchen mit einem Deckell oben mit einer blumen wiegt . . . . . . . . . . | 27 Loht; ¹⁰) |

(B.) Inventarium über das in etwa vergülbetes gefchir. S. 285.

| | |
|---|---|
| (15) Drei große Kanten mitt tornen wiegen . . . . . | 4 ℔ 10 Loht; ¹¹) / 4 ℔ 3 Loht; ¹¹) / 3 ℔ 26 Loht; ¹¹) |
| (16) 3 filbern knoppichte fchalen wiegen . . . . . . . | 33 Loht; ¹²) / 33 Loht; ¹²) / 24 Loht; ¹²) |
| (17) 3 filbern bierkannen wiegen . . . . . . . . . | 3 ℔ 10½ loht / 3 ℔ 4 Loht; ¹³) / 1 ℔ 30 Thlr. (!) |

(18) 2 gleichmäßige ſtücke vom bobbelten geſchir . . . . { . 27 loht; [14]) / . 26 loht; [14])

(19) Noch ein ſtück vom bobbelten geſchir wiegt . . . . . . . . 1 ᵴ; [14])

(C.) Inventarium über das weiße ſilbergeſchir. S. 287.

(20) Zwolf gleichmeßige taffelbecher, jeder von 40 loht machen in ſampt . . . . . . . . . . . . 17 ᵴ 6 loht; [15])

(21) 2 kleine Becherlein wiegen . . . . . . . . . . 10½ loht;

(22) 12 auß der Lotterey gewonnene Leffel . . . . . 1 ᵴ 2 loht; [16])

(23) Noch ſeind in Ao. 1621 auß dem Verdienſt des Wein-kellers gemachett worden zwei den obgeſchriebenen gleichmeßige ſilbern Becher jeder von 40 loht in ſampt 2 ᵴ 16 loht; [7])

(24) die alte mitt rabe und ſchilde nehiſt dem Doppe uff dem ſtiele gezeichnete ſiebenzehn ſilbern leffel wiegen in ſampt . . . . . . . . . . . . 1 ᵴ 14 loht; [7])

[1]) Anno 1627 mense Martio uff caution domini consulis Conradi Gravens und Dr. Joannis Brünings iſt dieſer Becher ausgefolget worden. — [2]) hatt die Gräfin von Anholt empf. anno 1623 d. 18. 7bris. — [3]) anno 1628 2 Februarii Capitain Steinhauſen vorehrt. — [4]) hatt H. Melſchede empf. Ao. 1629 (?) mense Aprili. — [5]) uff die contribution verwant. — [6]) iſt in Ao. 1625 uff Linge verehret. — [7]) uff die contribution. — [8]) hirvon noch 2 vorhanden, ubrige uff die contribution. — [9]) anno 1628 25 Junii dieſe zwey trauben dem Herrn Obriſten-Wachtmeiſter Johan von Weſtrum verehret. — [10]) Der von Anholt Frawen Schweſter empf. 18 7br. 1623 nicht praeſentirt [durchſtrichen]. Iſt anno 1626 an Johan von Horn verkaufft und in ſelbigen Jahrs rechnung ſenatui berechnet. — [11]) über dieſe drei Kanten berichtet ein beiliegender Pa-pierzettel, daß ſie 1628 am 7. October an Philipp Varmeyer, weil er ein Dar-lehn von 300 Thlrn. für den Rath verbürgt, ausgeliefert worden ſind. — [12]) hiervon 2 uff die contribution geben. — [13]) ganz weiß uff die contribution verwant. — [14]) Anno 1628 den 5 Martii ſeind dieſe 3 benande Pocalen oder geſchirr durch M. Berendt Münſterman Goltſchmieden in praesentia domi-norum consulum gewogen und an gewichte befunden 84 loth, welche hernacher zum willkombspocall verwant, ſo J. F. Gnaden Frantz Wilhelm verehrt worden. — [15]) hievon ſeind zehen becher uff die wochentliche Soldaten contri-bution alſo Tüliſche derſelben uff daß Gr. Tülliſche Zahlampt und fünff uff die gemeine contribution verwandt ſignat. 8. Julii Ao. 1628 Herm. Schlaff m. p. — [16]) ſeindt Ao. 1624 zu dem pocal welchen Rdmus Cardinalis empfangen gebrauchdt.

Es fehlen dann für fünfzig Jahre lang Aufzeichnungen über das Silberwerk, was nur zu erklärlich iſt, da, wie aus den Anmerkungen zu dem letzten Verzeichniſſe hervorgeht, außer dem „Kaiſer" und wenigen anderen Stücken ſchon bis zum Jahre 1628 faſt Alles zu Verehrungen verwandt war; die folgenden Jahre haben dann offenbar auch die letzten Reſte bis auf den Kaiſer und zwei Römer weggerafft. Erſt während der durch die Friedensverhandlungen hervorgerufenen beſſeren Zeiten und nach dem Friedensſchluſſe ſelbſt gelang es allmählig wieder, einige Prunkgeräthe zu dem Reſte des alten Schatzes hinzuzuerwerben. Hiervon giebt das in den Rathsacten über das Silbergeſchirr vor-handene Inventar von 1673 Zeugniß. Es lautet:

Anno 1673 Veneris 13 Januarii in praesentia Herrn Dr. et Consulis Vetten, Herrn senioris Troeps, Herrn Lonhern Pagenstechers, und Lonhern Johan Winters das uff dem Rhathause verhandene Silberwerk verzeichnet und befunden wie folgett:

Ein alt vergulbet geschir mit dem Deckel, der Kayser genanbt.

Ein vergülbetes geschir mit dem Decke die Druffe oder Delbrügge genanbt.

Ein vergülbetes geschir mit dem Deckel, so der balbierer gilbe vor biesem an das Rathhauß verehrt, hiebei zu wissen, baß die balbierer annoch ein geschir verehrt, so anderwertt verschenket worden.[1]

Ein hohes geschir so vergulbet mit einem Deckel, so vor biesem auß dem Glückepott gekomen.

Ein vergülbeter Pocal mit dem Deckel so von s(eligen) Cortt Delbrücke anerkaufft und sein Meisterstücke gewesen.

Zween vergülbete Römmers ohne Deckels mit zween fueffen, so vor biesem zu Frankfortt eingekaufft sein sott.

Zwolff einwenbig vergulbete silberne Bechers einer große.

Sechs silberne bechers einer große, so einwenbig nicht vergülbet.

Zwolf silberne löpfel.

[1] Diese Schenkung geschah nach ben Rathsprotocollen 1647, als die Barbierer Gilberechte erhielten.

Aehnlich lauten die Verzeichnisse von 1682 28./1., 1693 22./1., 1699 20./1. und 1703 2./1., jedoch sind bei den letzten zugefügt: 3 silberne Würfel und 3 gülbene pfenninge, so wie ein silberner Löffel. Die Pokale werden hier genannt: Die Traube, der Bartscherer, der Delbrügge, der Goldschmied, der Höcker.

Die hier aufgeführten Stücke bilden nun im Wesentlichen den jetzt noch vorhandenen Bestand, über welchen im Folgenden Einzelheiten gegeben werden sollen.

## Beschreibung der Becher.[1]

1. Der Kaiser. Dieser durch Alter, Schönheit und Reichthum der Ausschmückung ausgezeichnete Becher hat zuerst auf der Kölner Kunsthistorischen Ausstellung 1876 die Aufmerksamkeit weiterer Kreise auf sich gezogen. Der Berichterstatter über diese Ausstellung in Lützow's Zeitschrift für bildende Kunst (Thewalt) setzt als seine Entstehungszeit den Schluß des 14. Jahrhunderts an und sagt, derselbe dürfte als Profangefäß aus dieser Zeit wohl einzig dastehen. Diesem Urtheile wird man sich, was die Werthschätzung anlangt, anschließen und es der Stadtverwaltung nicht genug banken können, daß sie den Pokal durch alle Kriegesstürme rettete und auch in neuerer Zeit sehr hohen Angeboten von Kunstsammlern gegenüber im Besitz behauptete.

Das Interessanteste an dem Prachtstücke ist das Nebeneinanbergehen gothischer Gliederungen und Flächentheilungen und antikisirender Figuren; dabei sind die gothischen Formen noch so rein, daß man den Becher der Uebergangszeit der Gothik in die Renaissance nicht zuweisen kann; das Maßwerk vielmehr, die stilisirten Blattornamente und die köstlichen Fabelthiere am Fuße weisen auf die Höhezeit der Gothik. Die Tracht der bekleibet bargestellten Gestalten ferner, vor Allem der Männer in den bis auf die Füße

[1] Notizen zum Folgenden verdanke ich der Güte der Herren Professor Dr. Nordhoff in Münster, Oberlehrer Dr. Stüve und Bibliothekar C. Geisler hier.

herabreichenden Gewändern und die Kopfbedeckungen einzelner deuten auf die Uebergangszeit des 13. ins 14. Jahrhundert. Die nackten Figuren auf dem Deckel lehnen sich entschieden an die Antike an; ich möchte annehmen, daß sie antiken Intaglien nachgebildet sind.

Der Becher selbst ist eine flache Schale auf hohem rundem Ständer und fünfseitigem durch vorgelegte Quadrate verstärktem Fuße. In der Schale befindet sich auf einem runden Teller von Grubenschmelz (blau und goldenes Schachbrett, von 4 Drachen auf rothem Grunde umgeben) eine getriebene scharfciselirte gekrönte Bildsäule in vorzüglich drapirter Gewandung, welche vielleicht früher die Stelle des unten zu berührenden Kaiserbildnisses auf dem Deckel eingenommen hat. Diese Vermuthung drängt sich mir auf, weil einerseits anzunehmen ist, daß der Deckel früher eine Bekrönung gehabt haben muß und andererseits die Gestalt an ihrer jetzigen Stelle gänzlich deplacirt erscheint, auch das Schachbrettmuster unter derselben vollkommen durchgeführt ist.[1] Diese Figur ist bis jetzt wohl unter dem Einflusse des Inventars von 1581 (S. 81) als Kaiserin bezeichnet worden; nach Körperform und Haartracht aber ist sie männlich aufzufassen, auch zeigt sie kein Kennzeichen der Kaiserwürde, da die einfache Krone, welche sie trägt, auch Grafen und Herzögen zukommt. Sie ist nicht, wie das Inventar von 1581 annimmt, verstümmelt, sondern hält in der rechten Hand Handschuhe, die linke greift in den Mantel. Die (untere) Außenseite der Kuppe ist in 12 radial von der Mitte ausgehende spitzbogig geschlossene Felder mit gegossenen Costümfiguren eingetheilt; zwischen dem Raude und den Spitzen der Bogen ist je ein Rundbild mit ebenfalls gegossenen Darstellungen angebracht; die zwischenliegenden Zwickel sind mit Pflanzenornamenten auf emaillirtem Untergrunde belebt. Die zwölf Costümfiguren bestehen aus einer dreimal wiederkehrenden Reihe von je 4 weiblichen Gestalten in langen Gewändern, zum Theile sehr bewegt, fast im Tanzschritte gezeichnet. Die Figuren stehen auf Säulchen mit gothischen Capitälen. Die bildlichen Darstellungen der Rundbilder theilen sich in 2 Cyclen: 1. Sechs weibliche, bekleidete, von vorn gesehene, auf verschiedenartig geformten Sesseln sitzende Gestalten mit Rundschildern auf dem Schooße, jedesmal in anderer Auffassung, umgeben von Rankenwerk; die Rundschilder enthalten ein Kreuz, eine Krone, einen Schlangenstab, ein Eichenbreiblatt, einen Vogel im Neste und einen Vogel auf einem Aste; 2. die jedesmal dazwischengefügten Bilder: eine vor einer nackten männlichen jugendlichen, auf einem Postamente stehenden Gestalt knieende weibliche Figur, ein bärtiger Mann, der Kostbarkeiten in eine Truhe legt, ein Jüngling, der mit der linken Hand aus einem Becher trinkt, in der rechten eine Fackel hält, 2 kämpfende Männer, von denen einer halbnackt und mit einem Dolche bewaffnet ist, zwei sitzende sich küssende Gestalten, von welchen der Mann eine Fackel geschultert trägt, ein über den Kopf eines gestürzten Pferdes fallender Reiter. Die Einzeldarstellungen dieser Reihen scheinen in Wechselbeziehungen zu einander zu stehen, indem sie eine gute Eigenschaft und das gegentheilige Laster darstellen: Glaube — Abgötterei, Reichthum, Macht — Geiz, Gesundheit — Völlerei, Einigkeit — Streit, Elternliebe — fleischliche Liebe, Sicherheit — Sturz. Obwohl solche Reihen symbolischer Darstellungen auf mittelalterlichen Kunstwerken aller Art sich häufiger finden, ist es mir nicht gelungen, in Otte's Kirchlicher Kunstarchäologie, welcher I S. 481 ff. die mittelalterliche Symbolik eingehend behandelt, ein einigermaßen entsprechendes Analogon aufzufinden. Die Mitte des Ständers bildet ein einfach ornamentirter Knauf, an welchen sich oben und unten mit Voluten gezierte, im Durchschnitte runde Glieder anschließen. Schon Thewalt hielt dieselben für Erzeugnisse der früheren Renaissancezeit und ich möchte glauben, daß der Knauf derselben Periode zuzuschreiben ist. Ob diese Glieder ursprüngliche ersetzen oder später eingeschoben wurden, um den Fuß zu erhöhen, wird schwer zu ergründen sein. Nach unten folgt der fünfseitige mit Maßwerk verzierte Fußansatz. Der Fuß selbst und die vorgesetzten Quadrate

---

[1] Es bildete sich nachher die Sitte aus, „die zum ersten Mal zu Rathe kommenden Herren den Kaiserbecher so austrinken zu lassen, daß dem Bilde der Kaiserin kein Tropfen im Schooße blieb und der Wein nicht unter die Kniee kam — bei Strafe völligen Ausleerens." (Mitth. VIII S. 170.)

sind mit gegossenen (?) Fabelthieren, die meist Menschenköpfe tragen, auf gravirtem Grunde und Pflanzenornamenten auf abwechselnd blau und roth emaillirtem Grunde ornamentirt. Der zeltartige ebenso wie die vorgesetzten Theile des Fußes durch eine durchbrochene Maßwerkgallerie nach unten abgeschlossene Deckel ist in gleicher Eintheilung und Ausführung decorirt wie die Kuppe. In 12 rautenförmigen radial gestellten Feldern findet sich dreimal wiederholt der oben beschriebene Cyclus von 4 weiblichen Gewandfiguren wieder. Die Rundbilder bestehen aus einer Reihe von 6 Bildern, welche sich zweimal angebracht finden; sie enthalten 1) einen auf einem Felsen sitzenden Engel, 2) einen mit Helm und Fahnenlanze bewehrten bärtigen Mann, der mit dem rechten Arm den Schild zur Abwehr ausstreckt, 3) einen leierspielenden Jüngling, über dessen Schulter ein Löwenfell herabhängt, 4) einen Jüngling, in der rechten Hand einen abgerissenen Thierkopf, den linken Arm auf einen Stab aufstützend, 5) einen Mann, der eine Weintraube abpflückt, hinter demselben ein Baum mit artischockenartiger Frucht, 6) einen bärtigen Mann, auf einen Stab gestützt. Der Deckel schließt oben mit einem Renaissanceknopf ab, an dessen Seite ein ausgeschweifter Schild mit dem Doppeladler und auf dessen Spitze eine getriebene Kaiserbildsäule mit Panzer, Krone, Schwert und Reichsapfel angebracht ist. Diese Statuette ähnelt sehr dem früher über dem Hauptportale des Rathhauses, jetzt im Museum befindlichen Colossalbilde Karls des Großen. Es ist oben schon angedeutet, daß diese wohl in der zweiten Hälfte des 16. Jahrh. gefertigten Theile an die Stelle eines älteren oberen Abschlusses gebracht sind, den vielleicht die jetzt im Innern befindliche Figur auf entsprechender Grundlage bildete. Marken sind nicht an dem Pokale zu finden; was über seine Geschichte beizubringen war, ist oben angegeben. Man möchte zu der Annahme geneigt sein, daß der Pokal unter dem Einflusse der frühsten Regungen der Renaissance in Italien gefertigt wurde. — Höhe 40, größte Breite 19 cm. Vergl. Tafel I und die Skizze der Gesammterscheinung auf Tafel III, 1, und Einzelheiten Tafel III, 9.

**2. Die Traube.** Ganz vergoldeter Ananaspokal in der häufiger vorkommenden Form (vergl. Essenwein in den Mittheilungen des Germ. Nationalmuseums II, 3 S. 220), jedoch verhältnißmäßig hoch und von sehr schlanken Verhältnissen. Deckel und Kuppe in Gestalt einer Ananas getrieben, oben ein silberner geschnittener Blumenstrauß, an dessen Stiel vergoldete gegossene und geschnittene Silberornamente befestigt sind. Der im Durchschnitte sechseckige Ständer mit angelötheten henkelartigen gegossenen vergoldeten Zierstücken und geschnittenen Silberblumen belebt. Der ebenfalls sechseckige aus geschwungenen Platten zusammengesetzte Fuß ist mit ähnlichen aber einfacheren Ornamenten besetzt. Auf diesen Platten oben Schnecken und Blumen, unten Fratzen, beide getrieben. Ohne Marke; auf 4 Feldern am Knaufe des Ständers die eingravirte Inschrift: CHRI (stoph) DEL (brügge) dd. (dedit) 1647 (Tafel III, 8); auf dem folgenden Felde ist eine Jahreszahl, wie es scheint 1616, durch Abfeilen und Glätten unleserlich gemacht. Diese Beobachtung legt die Vermuthung nahe, daß der Pokal das oben (1617 u. 1622) erwähnte Meisterstück Delbrügges war, welches 1623 an die Gräfin von Anholt verschenkt war. Er würde es dann zurückgekauft haben. Das Gewicht stimmt jedoch nicht, da der Becher 1125 Gramm wiegt, das oben angegebene Gewicht aber ungefähr 1600 Gramm beträgt. Höhe: 56, größte Breite 14 cm. (Siehe Tafel II und III, 8.)

Ueber die Erwerbung dieses Bechers ergiebt das Rathsprotocoll vom 31. August und 1. September 1647, daß Christoph Delbrügge denselben der Stadt für den Werth von 70 Rthlrn. überlassen hat, um sich damit der von der Stadt an ihn gestellten Forderungen wegen unberechtigten Abzuges zu entledigen. Christoph D. gehörte zu einer hiesigen Goldschmiedefamilie. Die Goldschmiedelade enthält einen für ihn vom Rathe zu Nürnberg 1613 ausgestellten Gesellenbrief; er hatte dort bei Lorenz Düttich gearbeitet. Conrad Delpruck (der ältere), vielleicht sein Vater, aus Tecklenburg gebürtig, war von 1586—1625 Münzmeister der Stadt. (Weingärtner, Kupfermünzen Westfalens S. 114, vergl. jedoch auch S. 111 zu 1635.) Er prägte die schönen Kupfermünzen. (S. Tafel III, 2.) Dieser erhielt 1580 ebenfalls einen Gesellenbrief vom Rathe zu Nürnberg; über den jüngeren Conrad Delbrück s. unten.

3. Der Bartscherer (?). Ganz vergoldeter Buckelpokal in einer ebenfalls häufiger vorkommenden Form (vergl. den oben erwähnten Aufsatz Essenweins und den Warendorfer Pokal bei Nordhoff, Kunstdenkmale des Kreises Warendorf S. 35). Der Fuß wiederholt fast genau die Formen der Kuppe in kleinerem Maßstabe und umgekehrter Richtung. Der zwischen beiden angebrachte Ständer hat einen vasenähnlichen Knauf und ist an diesem Knaufe mit vergoldeten gegossenen henkelartigen sowie am Uebergange zum Fuße mit geschnittenen silbernen Zierstücken belebt. Auf dem in denselben Formen, wie Kuppe und Fuß gebildeten Deckel steht eine gegossene vergoldete Vase mit großem silbernen geschnittenen Blumenstrauße, unterhalb der Vase geschnittene silberne Zierstücke wie am Fuße. Die sämmtlichen Buckel sind mit eingestanzten Ornamenten verziert. — Marken: Schild mit Querbalken, darüber ein W (?) und Schild mit S. (Tafel II u. III, 6.) — Höhe 57, größte Breite 12,5 cm.

Die Marke mit dem Balkenschild weist auf Münster, das bis jetzt noch nicht beachtete W darüber vermag ich nicht zu deuten. Nordhoff, welcher den Pokal in den Bonner Jahrbüchern Heft 77, 156 besprochen hat, schreibt ihn Paul oder Arndt Schowe (1625) oder Johann Scharlacken (1639—1678) zu. Vergl. auch Rosenberg, der Goldschmiede Merkzeichen S. 226.

4. Der Delbrügge. Ganz vergoldeter, in der ganzen Anordnung dem einen Lüneburger Pokal (abgebildet bei Knackfuß, Deutsche Kunstgeschichte II S. 86 Abb. 503; die Lessing'sche Veröffentlichung des Lüneburger Silberschatzes war mir nicht zugänglich) durchaus entsprechender runder Pokal, er ist jedoch schlanter und daher eleganter in seinen Verhältnissen. Das Mittelstück des Ständers bildet eine mit Fratzen und Vogelköpfen gezierte Vase, die mit den oberen Theilen durch henkelartige gegossene Verzierungen verbunden ist. Oberhalb und unterhalb der Vase befinden sich getriebene Friese von hoher Schönheit der Zeichnung. Auf dem oberen in Cartouchen zwischen Fruchtstücken zwei Darstellungen: Leda mit dem Schwan und Venus mit Amor. Der untere rein figurale bringt in fortlaufender Darstellung eine Hochzeit in mehreren Scenen (Hochzeitszug, Hochzeitsmahl u. s. w.) zur Darstellung. Auf dem oberen ausladenden Gliede des Fußes der Wein- und Obsternte entlehnte Scenen (Putten), auf dem unteren Fruchtstücke. Die wulstartigen Einzeltheile des Deckels und der Kuppe sind theils mit getriebenen Ornamenten (Fruchtstücken, Masken und Stierschädeln), theils mit in Cartouchen gefaßten figürlichen Darstellungen (weintrinkende, lesende, musicirende Putten) belebt. Auf dem Deckel eine sehr beschädigte und, nachdem sie abgebrochen war, schlecht wieder aufgelöthete Engelsfigur. Ohne Marke. Innen im Fuße die gravirte Inschrift: Conradt Delbrück dd. (dedit) 1656. Höhe 45, größte Breite 13 cm.

Dieser hervorragend schöne Pokal ist nach dem oben mitgetheilten Inventar von 1673 Meisterstück des Conrad Delbrück des jüngeren und von ihm angekauft. Ich konnte aus den Rathsprotokollen über diesen Kauf nichts Genaueres feststellen, ich fand nur zum 14. März dieses Jahres, daß er um Zahlung seines Rests bittet. Daß auf dem Pokale dedit gravirt steht, erklärt sich wohl, daß das Kaufgeschäft ähnlich war, wie bei Erwerbung der Traube (s. oben). Conrad D. war 1666 todt, da der Rath in diesem Jahre am 20. November Herman Brauwe an seiner Stelle zum Altermann der Goldschmiede ernennt. Als Altermann kommt er 1665 bon (Goldschmiedelade) und wird in demselben Jahre unter den Gildebrüdern des Schmiedeamtes aufgeführt (Schmiedelade). Daß Goldschmiede sich ins Schmiedeamt aufnehmen ließen, findet sich öfter.

5. Der Goldschmied (?). Ganz vergoldeter Pokal von ähnlichen Formen, wie der Delbrügge, aber beträchtlich breiter ausladend. Die Vase in der Mitte des Ständers ist mit sehr geschmackvoll gezeichneten Ornamenten, Fruchtschnüren und Löwenköpfen geziert, die henkelartigen gegossenen nach oben verbindenden Zierstücke ruhen auf Stierfüßen und sind mit Stierköpfen besetzt. Die unteren Theile des Fußes sind mit elegant gezeichneten getriebenen Zierstücken und 2 Löwenköpfen und einer Maske geschmückt. Die Buckel der Kuppe sind abwechselnd glatt gehalten, gravirt oder mit figuralen getriebenen Bildwerken belebt, letztere, drei an der Zahl, stellen Simson mit dem Löwen, Daniel in

der Löwengrube und einen knieend anbetenden Mann dar, dem in Wolken ein Gefäß erscheint, neben ihm ein Löwe. Aehnlich sind die Buckel des Deckels becorirt, die figuralen Darstellungen sind 3 Engelköpfe, einer schlafend, einer gähnend, einer wachend. Die Bekrönung bildet eine vergoldete, gegossene Vase mit einem aus Silber geschnittenen Blumenstrauß. Auf dem Deckel die Marke ligirt: M. H. in viereckiger Umrahmung. Auf dem Fuße außen: eine Lilie und in einem Schilde ligirt P. G., innen: N. in einem Kreise und ein Ast mit Blättern in einem Schilde. (Tafel II u. III, 7.) — Höhe 47, größte Breite 16,5 cm.

Die Marke des Deckels M. H. deutet Rosenberg, der Goldschmiede Merkzeichen S. 282 auf den Nürnberger Meister Michel Haußner (1601). Die Marken im innern Fuße sind nach Rosenberg a. a. S. 239 Nr. 1187 das Nürnberger Beschauzeichen des 16. Jahrhunderts und eine unter Nr. 1239 S. 255 aufgeführte aber nicht festgestellte Meistermarke. Von den Marken an der Außenseite ist die Lilie, der Straßburger Einfuhrstempel — mit welchem fremdes in Straßburg eingeführtes Siegel contrasignirt wurde — abgebildet bei Rosenberg S. 345 Nr. 1524 und auf ungefähr 1567 gesetzt, das Monogramm das des Straßburger Meisters Paul Grasel, der 1559 vorkommt (Rosenberg S. 348 Nr. 1532), und also wohl im Auftrage der Stadt die Contrasignirung vornahm. Es scheint daher, daß der Becher selbst in Nürnberg um die Mitte des 16. Jahrh. gefertigt ist und in Straßburg eingeführt wurde. Der Deckel würde dann später, etwa 1600 zugefügt sein.

6. D e r  H ö c k e r. Massiv silberner nur im Innern und am oberen Rande vergoldeter Pokal von fast cylindrischer, sich wenig nach unten verjüngender Form. Vorn gravirt eine nackte Justitia, in der rechten Hand das Schwert geschultert, in der linken die Wage erhoben haltend, die Augen nicht verbunden, über zwei verbundenen Zweigen. Die Zeichnung ist flott, aber weder schön, noch correct. Am oberen Rande gravirt: Gedächtnis Ellicher Affectionirter Gildebrüder Des Kramer Ampts Anno 1659. Marke außen auf dem Boden: das sechsspeichige Rad in runder Umfassung und ligirt im Schilde H. B. Werk des Hermann Brawe; er wird 1662 erwähnt bei der Verzeichnung des stiftischen Silbers, wurde 1666 20. 11. Altermann der Gilde, war 1672 u. 1676 Münzmeister (Weingärtner a. a. O. S. 111 u. 114). Gleichzeitig lebt Gert Brawe, an dessen Stelle Johann Loithman 1667 1. 3. zum Altermann bestellt wird. Er erhielt 1609 einen Gesellenbrief von der Stadt Nürnberg, wo er bei Friedrich Hillebrand gearbeitet hatte, und in ebendemselben Jahre einen Lehrbrief aus Münster, wo er von 1594—1600 gelernt hatte. Ueber die Veranlassung zur Stiftung des Pokals habe ich aus den Rathsprotocollen der Jahre 1658 und 1659 nichts entnehmen können. (Tafel II u. III, 4.)

7. u. 8.  D i e  R ö m e r. Die ganz vergoldeten kelchförmigen, unten durch einen mit Buckeln verzierten Rand abgeschlossenen Trinkgefäße werden durch aus geflügelten Hundsköpfen gebildete Griffe auf den reich durchbrochen gearbeiteten ebenfalls ganz vergoldeten Füßen festgehalten. Durch Umdrehung einer im Stiele befestigten Schraube lassen sich diese Griffe soweit öffnen, daß man das Trinkgefäß abnehmen kann. Die im Profile höchst elegant gezeichneten gegossenen Füße tragen reichen, scharf ciselirten Ornamentschmuck (Ranken, Löwenköpfe und geflügelte weibliche Hermen). Auf dem Boden der Trinkgefäße die monogrammatisch zusammengesetzte Marke B. G. M., welche ich auf Bertold Gobel Meyer deuten möchte. (Tafel II u. III, 5.) Höhe 25,2 cm.

In dem Stempel vermuthet Rosenberg S. 218 Nr. 1058, „ohne einen sicheren Nachweis führen zu können", ein älteres Beschauzeichen von Magdeburg.

Da schon in den Inventarien von 1617 (Nr. 8) und 1622 (Nr. 11) Römerfüße bezw. Römer vorkommen, von welchen zwei bis 1628 unverschenkt blieben, bin ich geneigt, diese mit den noch vorhandenen zu identificiren und die Nachricht im Verzeichnisse von 1673, daß sie in Frankfurt gekauft sein sollen, für irrig zu halten. Bertold Gobel Meyer war hiesiger Goldschmied und erhielt 1560 einen Lehrbrief (Goldschmiedelade).

# Wortverzeichniß.

Jeder, der zu niederdeutschen Urkundensammlungen ein Glossar geschrieben hat, kennt die Schwierigkeiten der Auswahl. Die Auswahl für das Folgende ist unter dem Gesichtspunkte getroffen, daß im Allgemeinen die Worte aufgenommen wurden, welche in dem großen Lexikon von Schiller-Lübben, den einschlägigen Glossaren von Wehrmann und Bobemann entweder gar nicht oder nur in anderer Form und veränderter Bedeutung nachweisbar waren. Zum vollen Verständnisse der Urkunden wird neben dem hier gegebenen Verzeichnisse immer auf jene vorzüglichen Hülfsmittel zurückzugehen sein. Zur Erklärung wurden zugezogen das gedruckte Dialectlexikon von Strodtmann Idioticon Osnabrugense Leipzig-Altona 1756 und das ungedruckte Manuscript Klöntrups auf dem Rathsgymnasium.

**Allunen** S. 58, mit Alaun bereiten; allunt mit Alaun bereitet.

**ankliven** S. 16, anfangen, annehmen; vergl. Schiller-Lübben.

**atmal** S. 29, Zeitpunkt des Gesindewechsels; jetzt ganz außer Gebrauch, Klöntrup erwähnt es als Atmestid, ohne eine Erklärung (Ableitung) geben zu können. Strodtmann hat Atmstydt; seine Erklärungen sind sehr gezwungen.

**Bacharst** S. 16, 69 erklärt Strodtmann im Artikel potthast als „ein großes in eins sitzendes Stück Fleisch, so gekocht wird"; nicht bei Klöntrup.

**beslach** S. 63, Einfassung überhaupt, von Stickerei gesagt.

**beyerdoeck** S. 56, gleich beierwant, beiderwant, vestis ex lino et lana contexta; Schiller-Lübben, Wehrmann und Bobemann unter beyerwant.

**bleckvath** S. 56, ein Faß Bleie?

**borzyes** S. 56, halbseidenes Zeug; Schiller-Lübben im Nachtrage.

**bremer** S. 56, 57, f. sware.

**butte** S. 56, junger Stier?; bei Klöntrup bütken, ein Kalb, das noch saugt.

**Deker** S. 14 u. sonst, 10 Stück beim Lederverkauf (decas), Wehrmann, Schiller-Lübben, Bobemann.

**Deestessche laken** S. 55, Tuch aus Diest.

**donheten** S. 19, Befehl.

**Eckessche laken** S. 55, Tuch aus Aachen.

**emmer** S. 55, als Maaß.

**erchmaker** S. 12, 19, Weißgerber, f. Lobtmann Acta Osnab. II S. 375 Weißgärber- oder Erkeramt. Strodtmann sagt: „Ein gewisser Freund meynet, es bedeute: Pferdejoch. Macher."

**Gang** S. 43, nach Bobemann bei der Weberei ein Inbegriff von 20—40 Fäden.

**gereide** S. 58, Reitzeug, Schiller-Lübben gerede.

**gescheret lynen** S. 20, mit leinener Kette.

**gewelde,** in des werdes S. 80, d. h. in seinem Hause, im Bereiche seiner Gewalt als Haußherrn.

**Goddesridder** S. 41, Deutschordensherrn zu St. Georg.

**grat** S. 79 = rat, Hülfe, Abhülfe.

**grotstücket** S. 16, in große Stücke geschnitten, dasselbe S. 32, 33, grove.

**Halfwining** S. 16, Compagniegeschäft.

**hammaker** S. 64, nicht wie man annehmen könnte, Netzstriker, sondern nach S. 66 Lederarbeiter.

**hegen to** S. 65, zubringen von Gesellen gebraucht.

**hegerling** S. 43, 59, 60, schmale Tücher, grau und weiß, aus Wolle und Garn; Strodtmann sagt, eine Art Osnabrückscher grober woll. Tücher, Klöntrup leitet den Ausdruck von hegen = schonen ab: Zeug zu Ueberröcken zum Schonen der Unterkleider.

**hellincg rogge** S. 27, 60.

**herrenmisse, hernemisse** S. 41, 70, Jahrmarkt nach Crispini und Crispiniani.

hervestwulle S. 45.

hoker = kramer, mercator S. 54, daher auch der vom Krameramt geschenkte Becher der Höcker genannt wird.

hop S. 15, nach Klöntrup ist Hop die Hüfte, also wohl Fleisch aus der Hüfte.

houken velle S. 74, Bocksfelle, s. Schiller-Lübben unter hoken.

**Y**nnynge S. 44, Zahlung für die gratia emendi et vendendi nach dem Privilegium Ottos des Kindes für Braunschweig von 1245; s. Bobemann Einleitung XXIV und Döbner Städteprivilegien Ottos des Kindes S. 25.

Ingedregen wullen S. 20, mit Wolleneinschlag.

**K**alkwulle S. 43 u. 45, durch Kalk vom Fell losgebeizte Wolle, Wehrmann.

kymwulle S. 43 u. 45.

cluwede S. 55, Gewichtseinheit von 18 Pfund; über den Begriff an anderen Orten s. Schiller-Lübben.

knippwage S. 54, Schnellwage, bei Klöntrup kniäpwächte.

knappkoken S. 32, harter Kuchen nach Strodtmann.

knyftnck S. 12, wohl dasselbe wie klippingh, geschorene Felle (Wehrmann), also Schaffelle; das stimmt auch mit oben angezogener Stelle.

konyncksylver S. 63, reines Silber.

korf, S. 55, als Maaß.

küssen S. 74, wohl Leder zu Sattelkissen.

**L**edertouwer S. 28, Lederbereiter, s. Wehrmann unter touwen.

leggen S. 49, bedeutet hier schon in der Legge behandeln, d. h. besiegeln; der Ausdruck scheint ursprünglich vom Legen des Siegelgeldes in die Büchse abgeleitet; vergl. 44.

Leydessche laken S. 55, Tuch aus Leyden.

lernen S. 3, ledernen.

lete S. 52.

lyder S. 63, schlechter?

**M**eywulle S. 43.

mesterknape S. 79, Altermann in der Bruderschaft der Gesellen; sonst für Geselle überhaupt. Schiller-Lübben.

meze S. 57, Maaß für Stahl, s. mese bei Schiller-Lübben.

Nyemarkt S. 41, Markt nach Kreuzerhöhung.

**O**verkop, Verkauf mit Uebervortheilung.

**P**ellel S. 6, ein kostbarer Seidenstoff nach Schiller-Lübben; ob auch hier so zu erklären?

pinigen S. 21, strafen.

pype S. 43, 45. Bei den Webern s. Bobemann: „So nennt man die Fäden von zwei Spulen bei dem Scheren der Ketten, welche zusammen den Obersprung und Untersprung bilden und die Kette zum Einschluß spalten."

plycht S. 79, ein freier Tag.

pottharst S. 15, klein geschnittenes Fleisch nach Strodtmann.

punt clen S. 54, das gewöhnliche Pfund; vergl. auch scheppunt und überhaupt über Gewichte S. 54, 55.

**R**amundessche laken S. 55, Laken aus Roermonde?

roden vel S. 17, Hundefelle.

rogge S. 76, Roggenbrod.

ropewulle S. 43, 45, Raufwolle, s. Wehrmann.

roveoylye S. 56, Rüböl.

Rozenstrater laken S. 56.

**Z**aerdock S. 56, halbleinenes, halbwollenes Zeug, Parchent, Wehrmann und Schiller-Lübben.

samptgud S. 54, Waare engros.

scheren } S. 43, den Aufzug auf
scheringe } den Scherrahmen bringen.

scheppunt S. 55, = 300 Pfund.

schliten } S. 71, im Kleinen verkaufen.
slitinge }

zel S. 56, eigentlich Seehund, dann Thran, wie hier zel off. thran.

sem, zeem S. 31, 56, Seim, wohl Syrup.

semele S. 76.

söge vell S. 17, Schweinefelle.

span S. 33, Opferschüssel. S. Mitth. XIV S. 213 An. 3.

stekgelt S. 80.

stenpet S. 11, gesteppt?

strang S. 45, = gang bei der Weberei.

stuve S. 44, 70, Rest; Stück, was nicht die gesetzmäßige Länge hat, s. Bobemann.

sulffesher S. 23, selbständiger Meister, s. auch Bobemann.

## Nachträge und Berichtigungen.

S. 8 Zeile 2 von unten Bilkevet statt Bilkeret zu lesen.

S. 38 Zeile 1 von unten he statt se zu lesen.

S. 52 Zeile 1 von oben 44 statt 43 zu lesen.

S. 53 Zeile 15 von oben 45 statt 44 zu lesen.

S. 55. Der Accisetarif ist besprochen von Höhlbaum im hansischen Urkundenbuche III S. 376 in der Anmerkung; im Stadtarchive unter VI D. 59a findet sich der sehr schlecht erhaltene Entwurf desselben mit mancherlei interessanten Zusätzen. Eine genauere Besprechung dieses Entwurfs muß ich mir, da sie hier zu weit führen würde, für eine andere Stelle vorbehalten.

S. 88 Zeile 9 und 2 von unten, die dort geäußerte Vermuthung, daß die Marke auf einen Osnabrücker Goldschmied Bertold Gobel Meyer zu beuten sei, kann nicht aufrecht erhalten werden, da eine nochmalige Einsicht des Lehrbriefs von 1560 ergeben hat, daß der betreffende Goldschmied nur Bertold Gobel hieß. Eine anderweitige Deutung des Monogramms vermag ich nicht zu geben.

# Ueberſicht der Gildeurkunden
## nach den einzelnen Aemtern.

Gilde insgeſammt 2 (um 1310), 9 (1370), 19 (1407), 20 (1407), 27 (1416), 34 (1463)
   37 (1471), 45 (1477), 46 (um 1480), 57 (1490), 59 (1491), 64 (um 1500).

Bäcker 2 (um 1310), 13 (1387), 14 (1389), 25 (1413), 26 (1414), 28 (1430), 32 (1457),
   33 (1458), 35 (1463), 50 (1481), 51 (1482), 52 (1482), 61 (1496),
   62 (1498).

Erchmacher 12 (1376).

Goldſchmiede 53 (1483).

Knochenhauer 1 (1266), 4 (um 1336), 41 (1472).

Kramer 10 (1371), 31 (1457), 40 (1472).

Leinenweber 18 (1404), 22 (1411), 42 (1473).

Lohgerber 11 (1372), 12 (1376), 15 (1395), 17 (um 1400), 20 (1407), 23 (1412),
   30 (1453).

Pelzer 56 (1489), 60 (1493).

Riemenſchneider 7 (um 1354), 10 (1371), 16 (15. Jahrh.), 48 (1480), 60 (1493).

Schilder 7 (um 1354), 48 (1480), 54 (1484).

Schmiede 3 (1312?), 16 (15. Jahrh.), 43 (1473).

Schneider ——

Schuhmacher 8 (1360), 11 (1372), 21 (1409), 29 (um 1450), 30 (1453), 36 (1465)
   44 (1474), 58 (1491), 63 (1499), 65 (um 1500). ]

Wandſchneider 24 (1412).

Wollenweber 5 (1345), 6 (1347), 22 (1411), 38 (1471), 39 (n. 1471), 47 (1480),
   49 (1481), 55 (1488).

Der Kaiserpokal.

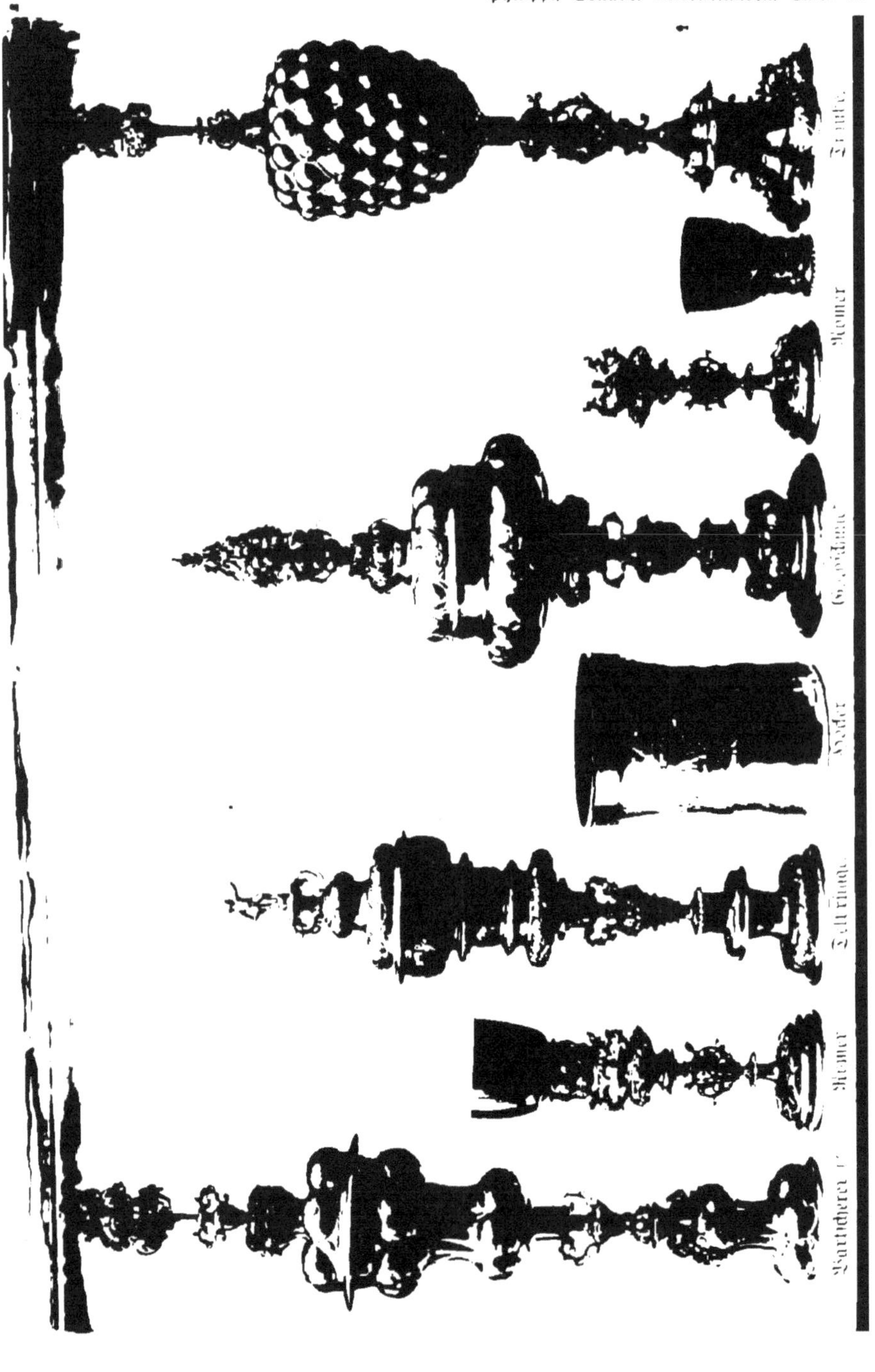
Roemer
Becher
Roemer

**3.** Altes Siegel des Schmiedeamts.

**1.** Der Kaiser.

**2.** Zwölfpfennigstück v. Cört Delbrück d. ä.

**4.** Marken des Höker-Pokals (vergröss.)

**5.** Marke der Römer (vergröss.)

**6.** Marken des Buckelpokals (vergröss)

**7.** Marken des Goldschmiede-Pokals (vergrössert.)
am Deckel — am Fusse innen — aussen

CRI DEL 1647

**8.** Inschrift der Traube.

**9.** Einzelheiten des Kaiserpokals von Fuss und Cuppe